GUIA DE ESTUDIO DE DERECHO DE LA SEGURIDAD SOCIAL

José Antonio Reynoso Tavárez, M. A.

INDICE

BREVES NOTAS INTRODUCTORIAS

El presente material es una guía de estudio de Derecho de la Seguridad Social Dominicana, tiene como objetivo servir de base de trabajo y reflexión para los estudiosos de esta disciplina.

El material ha sido elaborado a modo de aproximación total de los puntos abordados, con la pretensión de profundizaciones y enfoques complejos. Cada uno de los temas presentados aquí en forma teórica, está respaldado por sus respectivos sustentos jurídicos.

Se ha implementado para su elaboración la modalidad de distribución por Temas. Las notas se han insertado al pie de las páginas correspondientes.

José Antonio Reynoso Tavárez, M. A.

TEMA I
ORIGEN DE LA
SEGURIDAD SOCIAL EN RD

La ley No. 87-01 es la crea el Sistema Dominicano de la Seguridad Social, esta tienes como finalidad la protección de los ciudadanos, en el plano de la salud, social, Laboral, entre otros.

Es un sistema básico que va dirigido a todas las poblaciones y este se rige por sus diferentes regimenes los cuales abarcan la población en su totalidad estos regimenes son: Subsidiado, Contributivo y Subsidiado Contributivo. Esto ayuda al sistema a tener mayor eficacia y eficiencia para poder satisfacer las necesidades básicas de la sociedad.

Esta ley modifica la ley 1896 que trata sobre los seguros sociales y en su Art. 209 la ley 87-01 deroga en su totalidad la ley no. 385 la cual trataba sobre accidentes de trabajo.

Esta ley en su Art. 3 establece los principios que sirven de directrices al sistema Dominicano de Seguridad Social, los cuales a la vez rigen este sistema.

La ley 87-01 de igual manera establece las instituciones por las cuales va a estar compuesto el sistema Dominicano de Seguridad Social, las cuales van desde la administración financiera hasta las organizaciones de control.

Estas instituciones tendrán el manejo y la organización de todo el Sistema Dominicano de Seguridad Social. Estas instituciones son de orden público y privado, estas poseen autonomía propia y algunas de las mismas se manejan con su propia fuente económica.

El sistema de seguridad social es un sistema moderno y que se propone en una década poner este país entre los países mas avanzados de América Latina.

La Ley de Seguridad Social es el resultado del trabajo tesonero de muchas instituciones y personas. Durante más de tres décadas en el país se venía planteando la necesidad de superar el viejo Régimen de Seguro Social, el cual nació en el año 1947 con muchas limitaciones estructurales, fruto de la época y de la ausencia de democracia y libertad que predominó entonces. Durante ese largo período las organizaciones sindicales demandaron la modificación de la ley No. 1896 sobre Seguro Social. También lo hicieron varias entidades internacionales como la Organización

Internacional del Trabajo (OIT) y la Organización Iberoamericana de Seguridad Social (OISS), así como los principales organismos de desarrollo y cooperación técnica. A ellos se les sumaron las iglesias dominicanas, especialmente la católica, los centros de educación superior, la intelectualidad dominicana y la opinión pública en general.

En todos estos intentos siempre faltó la voluntad política para provocar el cambio en un tema tan sensible y donde convergen muchos intereses aferrados a los viejos esquemas de los cuales se nutrían. Correspondió al Senado de la República y a la Cámara de Diputados, en perfecta comunión de intereses con el Presidente de la República, en ese entonces el Ingeniero Agrónomo Hipólito Mejía, el haber roto este circulo vicioso. El Consejo Nacional de la Seguridad Social (CNSS), de conformidad con lo que señala el artículo 29 de la Ley 87-01 creará la Dirección de Información y Defensa del Afiliado (DIDA), como una dependencia técnica, dotada de autonomía operativa, que tendrá las siguientes responsabilidades:

- Promover el Sistema Dominicano de Seguridad Social e informar a los afiliados sobre sus derechos y deberes.

- Recibir reclamaciones y quejas, así como tramitarlas y darles seguimiento hasta su resolución final.

- Asesorar a los afiliados en sus recursos amigables o contenciosos, por denegación de prestaciones, mediante los procedimientos y recursos establecidos por la ley y sus normas complementarias.

- Realizar estudios sobre la calidad y oportunidad de los servicios de las AFP, del Seguro Nacional de Salud (SNS) y las ARS, y difundir sus resultados, a fin de contribuir en forma objetiva a la toma de decisión del afiliado.

- Supervisar, desde el punto de vista del usuario, el funcionamiento del Sistema Dominicano de Seguridad Social.

La Dirección de Información y Defensa del Afiliado (DIDA), se puede considerar como la Defensoría del Asegurado, por lo que es importante que cualquier afiliado o afiliada al Sistema Dominicano de Seguridad Social (SDSS), que necesite no solo de información, sino canalizar cualquier queja contra la negación o reducción de los derechos y prestaciones que garantiza este sistema de Seguridad Social, se dirija a ella y solicite sus servicios.

LEY No. 87-01.

Ley 87-01 que crea el Sistema Dominicano de Seguridad Social en cumplimiento del decreto 560-01, la Secretaría de Estado de Trabajo, publica la versión oficial de la Ley 87-01 que crea el Sistema Dominicano de Seguridad Social (SDSS) promulgada por el Poder Ejecutivo el 9 de mayo del 2001. La Ley de Seguridad Social es considerada por el entonces Presidente de la República, Ing. Agrónomo Hipólito Mejía, como parte de una trilogía de reformas madres, junto a las reformas tributarias y arancelarias. Su trascendencia reside en que de las tres esta es la única con un profundo contenido humano y que tendrá un gran impacto social y económico.

La Ley de Seguridad Social es una pieza moderna, coherente y flexible que permitirá al país colocarse, en sólo una década, entre los países más avanzados de América Latina en este campo.

Este salto cualitativo forma parte del esfuerzo nacional para asegurar la mayor protección social a todos sus ciudadanos y ciudadanas dentro de una visión política fundamentada en el criterio de que el desarrollo de sus recursos humanos constituye la principal riqueza de nuestra nación. Es un paso en la dirección correcta, en un mundo dominado por el desarrollo tecnológico y la interpretación oportuna de la información apropiada.

El Sistema Dominicano de Seguridad Social (SDSS) establecido mediante la presente Ley, contiene una variedad de modalidades de solidaridad social, tan necesarias para la convivencia humana, para la paz social, y muy especialmente, para fortalecer los esfuerzos orientados a combatir la pobreza y crear mayores oportunidades de bienestar a favor de los grupos sociales más postergados. Esta Ley se logra luego de tres décadas de intentos fallidos por modernizar el Seguro Social Dominicano. La Ley de Seguridad Social marca un hito en el afianzamiento de la separación de los poderes del Estado y en la cooperación entre los mismos. Esta es la primera Ley de tanta complejidad e impacto en el desarrollo humano sostenible que emana del Congreso Nacional. Estuvo precedida por una consulta nacional sin precedentes durante la cual se realizaron vistas públicas en todo el país e incluso en la ciudad de Nueva York. Además, hay que reconocer la destacada participación del pueblo dominicano y de sus expresiones organizadas en la sociedad civil.

El sector empresarial sentó un precedente al apoyar abiertamente esta conquista social. El movimiento laboral fue un motor del proceso y exhibió madurez y mesura en sus demandas. Las organizaciones de profesionales de la salud aprovecharon los espacios democráticos para lograr mayor seguridad para sus asociados. Y los proveedores privados de servicios de salud y de pensiones demostraron visión de futuro al aceptar que por primera vez en décadas fueran sometidos a la regulación y fiscalización del Estado. De igual forma, las instituciones religiosas, las organizaciones populares y barriales contribuyeron a hacer posible esta conquista social en un espíritu de civismo ejemplarizador.

Precedentes legislativos a la ley 87-01

Mucho antes de ser aprobado en nuestro país el Sistema Dominicano de Seguridad Social, se implementaron otras leyes, no menos importantes, que han aportado a los fines de la Seguridad Social en República Dominicana. Las más importantes son:

a) la ley No. 385 de 1932 sobre accidentes de Trabajo;
b) la Ley 1896, de fecha 30 de diciembre de 1948, sobre Seguros Sociales y
c) la Ley 16-92, que crea el nuevo Código de Trabajo. Algunas de ellas fueran absorbidas por la nueva ley, mientras que otras, como las contenidas en el Código de Trabajo, quedaron inalteradas.

Síntesis de las leyes vigentes y abordaje sucinto de los problemas de vigencia entre la ley nueva y la vieja.

En primer término, debemos establecer que el **artículo 209** de la ley 87-01, deroga la Ley 385, sobre Accidentes de Trabajo, y modifica la Ley 1896, sobre Seguros Sociales, sin embargo, lo hace parcialmente, como veremos más adelante, pues sólo modifica las funciones de dirección, regulación, financiamiento y supervisión. De igual modo, la Ley 87-01 modifica cualquier otra ley que le sea contraria.

En relación con la ley 385 sobre Accidentes de Trabajo, como hemos visto, fue derogada totalmente por la propia ley 87-01 y a partir del Primero de marzo del 2004 comenzó a regir el Seguro de Riesgos Laborales previsto en la nueva legislación.

En cuanto a la Ley 1896 sobre Seguros Sociales, que antes de la existencia de la Ley 87-01 constituyó el aparato legal en que descansaba lo poco de la Seguridad Social que había en el país, fue modificada por la nueva ley, la cual absorberá parte de la estructura e infraestructura de la antigua ley, en lo relativo a la prestación de servicios de salud. Además, el IDSS, de conformidad con el artículo 198 de la

José Antonio Reynoso Tavárez

Ley 87-01, tendrá a su cargo la administración y prestación de los servicios del Seguro de Riesgos de Trabajo y otras funciones no menos importantes.

TEMA II
ORGANISMOS, INSTITUCIONES Y SU FUNCIONAMIENTO

DEFINICIÓN DEL SISTEMA DOMINICANO DE SEGURIDAD SOCIAL (SDSS)

Es un Sistema de protección social público creado mediante la Ley 87-01 promulgada el 9 de mayo de 2001. Su carácter es universal, obligatorio, solidario, plural e integral a fin de otorgar los derechos constitucionales a la población; y regular y desarrollar los deberes y derechos recíprocos del Estado y los ciudadanos en lo referente al financiamiento para la protección de la población contra los riesgos de vejez, discapacidad, cesantía por edad avanzada, sobrevivencia, enfermedad, maternidad, infancia y riesgos laborales.

Este sistema aglutina, articula, normatiza y supervisa, todas las instituciones públicas, privadas y mixtas dedicadas a actividades principales o complementarias de Seguridad Social en la República Dominicana.

REGISTRO EN EL SISTEMA DOMINICANO DE SEGURIDAD SOCIAL (SDSS)

Deben estar registrados todos los ciudadanos y ciudadanas dominicanos; y extranjeros residentes legalmente en el país.

INSTITUCIONES INTEGRANTES DEL SDSS

a) El Consejo Nacional de la Seguridad Social (SDSS).
b) La Tesorería de la Seguridad Social (ISS).
c) La Dirección de Información y Defensa de los Afiliados a la Seguridad Social (DIDA).
d) La Superintendencia de Salud y Riesgos Laborales (SISALRIL).
e) La Superintendencia de Pensiones (SIPEN).
f) La Administradora de Riesgos Laborales (ARL),
g) El Seguro Nacional de Salud (SENASA).
h) Las Administradoras de Fondos de Pensiones (AFP).
i) Las Administradoras de Riesgos de Salud (ARS).
j) Las Proveedoras de servicios de Salud (PSS).
k) Las entidades públicas, privadas o mixtas con o sin fines de lucro Que realizan

funciones complementarias de seguridad social.

CONSEJO NACIONAL DE SEGURIDAD SOCIAL (CNSS)

Es órgano superior del Sistema Dominicano de Seguridad Social (SDSS). Se encarga de la dirección y conducción del Sistema, de establecer las políticas y regular el funcionamiento de sus instituciones. Garantiza la extensión de cobertura, defiende a los beneficiarios y vela por el desarrollo institucional, la integralidad de los programas y el equilibrio financiero del SDSS.

Otras de sus responsabilidades son: establecer las políticas de seguridad social orientadas a la protección integral y el bienestar general de la población; velar por la elevación de los niveles de equidad, de solidaridad y participación ciudadana para reducir la pobreza, promover a la mujer, proteger la niñez y la vejez, y preservar el medio ambiente.

Hacer los estudios necesarios para extender la protección de la Seguridad Social a los ciudadanos y someter al Poder Ejecutivo las propuestas correspondientes para fines de aprobación.

INTEGRANTES DEL CONSEJO NACIONAL DE SEGURIDAD SOCIAL (CNSS)

a) El Ministro de Trabajo, quien lo preside.

b) El Ministro de Salud Pública y Asistencia Social, vicepresidente.

c) El Director General del Instituto Dominicano de Seguros Sociales.

d) El Director del Instituto de Auxilios y Viviendas.

e) El Gobernador del Banco Central.

f) Un representante del Colegio Médico Dominicano.

g) Un representante de los demás profesionales y técnicos de la salud.

h) Tres representantes de los empleadores, escogidos por sus sectores.

i) Tres representantes de los trabajadores, escogidos por sus sectores.

j) Un representante de los gremios de enfermería.

k) Un representante de los profesionales y técnicos, escogido por sus sectores.

l) Un representante de los discapacitados, indigentes y desempleados.

m) Un representante de los trabajadores de microempresas.

TESORERÍA DE LA SEGURIDAD SOCIAL (TSS)

Entidad responsable del recaudo, distribución y pago de los recursos financieros del SDSS, y de la administración del Sistema Único de Información y Recaudo (SUIR).

SUS FUNCIONES SON:

- Recaudar, distribuir y asignar los recursos del SDSS.
- Detectar la mora, evasión y elusión, someter a los infractores y cobrar las multas y recaudos.
- Proponer al CNSS iniciativas para mejorar los sistemas de información, recaudo distribución y pagos.
- Rendir un informe mensual al CNSS sobre la situación financiera del SDSS.

DIRECCIÓN DE INFORMACIÓN Y DEFENSA DE LOS AFILIADOS A LA SEGURIDAD SOCIAL (DIDA)

Es una dependencia técnica del Consejo Nacional de Seguridad Social (CNSS) dotada de presupuesto definido y autonomía operativa. Es un instrumento de defensa y orientación de los afiliados al SDSS.

ES RESPONSABLE DE:

– Promover el Sistema Dominicano de Seguridad Social (SDSS) e informar a los afiliados sobre sus derechos y deberes.
– Recibir reclamaciones y quejas, así como tramitarlas y darles seguimiento hasta su resolución final.
– Asesorar a los afiliados en sus recursos amigables o contenciosos, por denegación de prestaciones, mediante los procedimientos y recursos establecidos por la Ley 87-01 y sus normas complementarias.
– Realizar estudios sobre la calidad y oportunidad de los servicios de las AFP, del Seguro
– Nacional de Salud (SENASA) y las ARS, y difundir sus resultados, a fin de contribuir en forma objetiva a la toma de decisiones del afiliado.

– Supervisar desde el punto de vista del usuario el funcionamiento del SDSS.

SUPERINTENDENCIA DE PENSIONES (SIPEN)

Es una entidad estatal, autónoma, con personalidad jurídica, y patrimonio propio, para que, a nombre y representación del Estado Dominicano, ejerza a plenitud, la función de velar por el estricto cumplimiento de la presente ley y de sus normas complementarias en su área de incumbencia, de proteger los intereses de los afiliados, vigilar la solvencia financiera de las Administradoras de Fondos de Pensiones (AFP) y contribuir a fortalecer el Sistema Previsional Dominicano.

SUS FUNCIONES PRINCIPALES SON:

Regular, controlar y supervisar los fondos y cajas de pensiones existentes.

Disponer el examen de los libros, cuentas, archivos y demás bienes físicos de las AFP.

Cancelar la autorización y efectuar la liquidación de la AFP en los casos establecidos por la Ley 87-01 y sus normas complementarias.

Velar por el envío a tiempo y veraz de los informes semestrales a los afiliados sobre el estado de situación de su cuenta personal.

Imponer multas y sanciones a las AFP, mediante resoluciones fundamentadas, cuando estas no cumplan con las disposiciones de la ley y sus normas complementarias, entre otras.

QUÉ ES LA SUPERINTENDENCIA DE SALUD Y RIESGOS LABORALES (SISALRIL)

Es una entidad estatal autónoma, con personería jurídica y patrimonio propio, que a nombre y representación del Estado Dominicano ejerce las funciones establecidas en la Ley de Seguridad Social y sus normas complementarias, de proteger los intereses de los afiliados, de vigilar la solvencia financiera de las Administradoras de Riesgos de Salud (ARS), supervisar el pago puntual a dichas administradoras y de éstas a las Prestadoras de Servicios de Salud (PSS) y contribuir a fortalecer el Sistema Nacional de Salud.

SUS FUNCIONES PRINCIPALES SON:

a) Supervisar la correcta aplicación de la presente ley, el Reglamento de Salud y Riesgos Laborales, así como de las resoluciones del Consejo Nacional de Seguridad Social (CNSS) en lo que concierne a las Administradoras de Riesgos de Salud (ARS) y de la propia Superintendencia.
b) Autorizar el funcionamiento del Seguro Nacional de Salud (SNS) y de las ARS que cumplan con los requisitos establecidos por la presente ley y sus normas complementarias; y

mantener un registro actualizado de las mismas y de los promotores de seguros de salud.

c) Proponer al Consejo Nacional de Seguridad Social (CNSS) el costo del plan básico de salud y de sus componentes; evaluar su impacto en la salud, revisarlo periódicamente y recomendar la actualización de su monto y de su contenido.

d) Supervisar, controlar y evaluar el funcionamiento del Seguro Nacional de Salud (SNS) y de las ARS; fiscalizarlas en cuanto a su solvencia financiera y contabilidad. a la constitución, mantenimiento, operación y aplicación del fondo de reserva y al capital mínimo.

e) Requerir de las ARS y del SNS el envío de la información sobre prestaciones y otros servicios, con la periodicidad que estime necesaria.

f) Disponer el examen de libros, cuentas, archivos, documentos, contabilidad, cobros y bienes físicos de las ARS, SNS y de las PSS contratadas por éstas.

g) Imponer multas y sanciones a las ARS y al SNS, mediante resoluciones fundamentadas, cuando no cumplan con las disposiciones de la presente ley y sus normas complementarias.

h) Cancelar la autorización y efectuar la liquidación del SNS y de la ARS en los casos establecidos por la presente ley y sus normas complementarias; entre otras importantes funciones.

SEGURO NACIONAL DE SALUD (SENASA)

Es una ARS pública, descentralizada, con patrimonio propio y personería jurídica, autorizada a asumir y administrar el riesgo de la provisión del Plan Básico de Salud a los empleados públicos, los de instituciones descentralizadas, a los trabajadores del Régimen Contributivo Subsidiado, así como los beneficiarios del Régimen Subsidiado y a los empleados privados que lo deseen.

ADMINISTRADORAS DE FONDOS DE PENSIONES (AFP)

Las AFP son sociedades financieras constituidas de acuerdo a las leyes del país, con el objeto exclusivo de administrar las cuentas personales de los afiliados e invertir adecuadamente los fondos de pensiones, otorgar y administrar las prestaciones del sistema previsional. Estas pueden ser públicas, privadas o mixtas.

ADMINISTRADORAS DE RIESGOS DE SALUD (ARS) DE AUTOGESTIÓN

Son aquellas ARS habilitadas por la SISALRIL que, al momento de promulgarse la ley de seguridad social, operaban como seguro de salud o igualas médicas, destinadas a la administración de los riesgos de salud de los trabajadores de una institución determinada, sectores profesionales, técnicos y/o miembros de entidades asociativas; estas afilian de manera exclusiva a aquellos empleados de la institución o miembros del gremio para la cual fue habilitada, y sus dependientes.

ADMINISTRADORAS DE RIESGOS DE SALUD (ARS)

Son entidades públicas, privadas o mixtas, descentralizadas, con patrimonio propio y personería jurídica, autorizada por la Superintendencia de Salud y Riesgos Laborales a asumir y administrar el riesgo de la provisión del Plan Básico de Salud, a una determinada cantidad de beneficiarios, mediante un pago per cápita previamente establecido por el Consejo Nacional de Seguridad Social.

¿CÓMO SABER SI UNA ADMINISTRADORA DE RIESGOS DE SALUD (ARS) ESTÁ HABILITADA?

Buscando la información a través de la página Web de la Superintendencia de Salud y Riesgos Laborales (SISALRIL), llamando a *462 ó comunicándose con la Dirección de Información y Defensa de los Afiliados a la Seguridad Social (DIDA).

PRESTADORAS DE SERVICIOS DE SALUD (PSS)

Son personas físicas legalmente facultadas o entidades públicas, privadas o mixtas, descentralizadas, con patrimonio propio y personería jurídica, dedicadas a la provisión de servicios ambulatorios, de diagnósticos, hospitalarios y quirúrgicos; habilitadas por el Ministerio de Salud Pública y Asistencia Social (SESPAS) de acuerdo a la ley General de Salud.

ADMINISTRADORA DE RIESGOS LABORALES (ARL)

Es una empresa de servicios especializada en administración de riesgos laborales encargada de garantizar un sistema de prevención, prestaciones económicas y de salud a todos los afiliados del Seguro de Riesgos Laborales.

FUNCIÓN DE LA GERENCIA GENERAL DEL CONSEJO NACIONAL DE SEGURIDAD SOCIAL (GGCNSS)

La Gerencia General del CNSS funge como secretaría del CNSS, participa en las reuniones de este organismo con voz, pero sin voto y es la encargada de coordinar para que se ejecuten las decisiones, acuerdos y resoluciones del Consejo Nacional de Seguridad Social.

CONTRALORÍA DEL SISTEMA DOMINICANO DE SEGURIDAD SOCIAL

Es una entidad dependiente del Consejo Nacional de Seguridad Social (CNSS), que tiene como función auditar las operaciones de las instituciones del sistema.

ENTRE SUS PRINCIPALES RESPONSABILIDADES SE ENCUENTRAN:

– Auditar las operaciones, acuerdos y resoluciones.
– Informar mensualmente al CNSS, sobre situaciones financiera y ejecuciones presupuestarias.

La oficina principal de la Contraloría del SDSS está ubicada la Av. Tiradentes, No. 33, Torre de la Seguridad Social, Ensanche Naco, Santo Domingo, Distrito Nacional.

MINISTERIO DE SALUD PÚBLICA Y ASISTENCIA SOCIAL (SESPAS)

Es el organismo rector en materia de salud la cual debe ejercer a través de sus instancias técnicas centrales y sus expresiones territoriales desconcentradas; es la máxima autoridad nacional en aspecto de salud, para regular la producción social de salud, dirigir y conducir políticas y acciones sanitarias; movilizar recursos de toda índole; vigilar la salud; coordinar acciones de las diferentes instituciones públicas y privadas y de otros sectores comprometidos con la salud, para el cumplimiento de las Políticas Nacionales de Salud.

INSTITUTO DOMINICANO DE SEGUROS SOCIALES (IDSS)

Es la Institución creada por la Ley 1896-48 con personalidad jurídica propia, cuya función principal es la prestación de los servicios a los trabajadores privados asegurados y las compensaciones económicas de los pensionados y accidentados de trabajo.

La Ley 87-01 en su Art. 164 le otorga al IDSS la conservación de su personería jurídica, patrimonio, carácter público y tripartito y se transformará en una entidad administradora de riesgos y proveedora de servicios de salud y riesgos laborales, sin las funciones de dirección, regulación y financiamiento.

UNIPAGO

Es la empresa procesadora de la base de datos del Sistema Dominicano de Seguridad Social (SDSS), referenciada en la Ley 87-01 en su artículo 86, párrafo IV en el cual se establece que:

"El gobierno concede la operación de la base de datos a una empresa privada cuyos accionistas sean las Administradoras de Fondos de Pensiones (AFP) y las Administradoras de Riesgos de Salud (ARS), que será encargada de la tesorería y de la administración del sistema único de registro, así como el procesamiento de la información.

PATRONATO DE RECAUDO E INFORMÁTICA DE LA SEGURIDAD SOCIAL (PRISS)

Es la entidad sin fines de lucro que contrató el Consejo Nacional de la Seguridad Social (CNSS) exclusivamente para administrar el sistema único de información y recaudar los recursos financieros del sistema, mediante concesión y por cuenta de la Tesorería de la Seguridad Social.

EL SISTEMA NACIONAL DE SALUD (SNS)

El Sistema Nacional de Salud es el conjunto interrelacionado de elementos, mecanismos de integración, formas de financiamiento, provisión de servicios, recursos humanos y modelos de administración de las instituciones públicas y privadas, gubernamentales y no Gubernamentales, legalmente constituida y reglamentadas por el Estado, así como por los movimientos de la comunidad y las personas físicas o morales que realicen acciones de salud y cuya función principal sea atender mediante servicios de carácter nacional o local la salud de la población.

TEMA III
REGISTROS Y PAGOS

PAGO LA SEGURIDAD SOCIAL

En la red bancaria y entidades autorizadas por la Tesorería de la Seguridad Social (TSS), para recibir el pago de los aportes de los contribuyentes.

NOMBRE DE QUIÉN SE REALIZAN LOS PAGOS A LA SEGURIDAD SOCIAL

A nombre de la Tesorería de la Seguridad Social (TSS).

VERIFICACION DEL HISTORIAL DE PAGO DEL TRABAJADOR EN LA SEGURIDAD SOCIAL

Comunicándose con la Dirección de Información y Defensa de los Afiliados a la Seguridad Social (DIDA).

Los empleados extranjeros cotizan a la Seguridad Social

Todos los trabajadores residentes legales deben cotizar.

ACUERDO ENTRE LA DIRECCIÓN GENERAL DE IMPUESTOS INTERNOS (DGII) Y LA TESORERÍA DE LA SEGURIDAD SOCIAL (TSS)

Es un acuerdo entre ambas instituciones, a través del cual se desarrollan intercambios de informaciones sobre las empresas públicas y privadas, a los fines de facilitar las retenciones de impuestos sobre la renta y los aportes de la seguridad social.

NORMATIVAS DE LA SEGURIDAD SOCIAL

Las páginas de Internet de los organismos e instituciones de la Seguridad Social
– Consejo Nacional de Seguridad Social (CNSS)
– Superintendencia de Salud y Riesgos Laborales (SISALRIL)
– Superintendencia de Pensiones (SIPEN)
– Dirección de Información y Defensa de los Afiliados a la Seguridad Social (DIDA)
– Tesorería de la Seguridad Social (TSS)
– Otras

SITUACIÓN ACTUAL DEL SISTEMA DOMINICANO DE SEGURIDAD SOCIAL (SDSS)

Están en operación los Régimen Contributivo y Subsidiado, y el Consejo Nacional de la Seguridad Social (CNSS) trabaja la puesta en funcionamiento del Régimen Contributivo Subsidiado.

FINANICIAMIENTO DEL RÉGIMEN CONTRIBUTIVO

Con las cotizaciones del trabajador y el empleador. El trabajador aporta un 30% del salario cotizable y el empleador un 70%, con un tope para cotizar de diez (10) salarios mínimos nacional. Para el Seguro Familiar de Salud, 20 para el seguro de pensiones y 4 para Riesgos Laborales. En este último seguro de financiación corresponde en un 100% al empleador.

TEMA IV
SEGUROS Y AFILIACION

LOS SEGUROS Y SUS BENEFICIOS

SON:
- Seguro Familiar de Salud.
- Seguro de Pensiones.
- Seguro de Riesgos Laborales.

LOS BENEFICIOS EN SALUD SON:
- Plan Básico de Salud.
- Subsidio por Enfermedad.
- Subsidio por Maternidad y lactancia
- Estancias infantiles.

LOS BENEFICIOS EN PENSIONES SON:
- Pensión de vejez.
- Pensión de discapacidad, total o parcial.
- Pensión de cesantía por edad avanzada.
Pensión de sobrevivencia:
- Los beneficios en riesgos laborales son:
- Atención médica.
- Atención odontológica.
- Prótesis, anteojos y aparatos ortopédicos y su reparación;
- Subsidio por discapacidad temporal.
- Indemnización por discapacidad.

José Antonio Reynoso Tavárez

– Pensión por discapacidad.
– Pensión de sobrevivencia.

TEMA V
SEGURO FAMILIAR DE SALUD

SEGURO FAMILIAR DE SALUD (SFS)

Es un seguro que tiene por finalidad, la protección integral de la salud física y mental del afiliado y su familia, así como alcanzar una cobertura universal sin exclusiones por edad, sexo, condición social, laboral o territorial, garantizando el acceso regular de los grupos sociales más vulnerables y velando por el equilibrio financiero, mediante la racionalización del costo de las prestaciones y de la administración del Sistema.

PLAN BÁSICO DE SALUD (PBS)

Es el conjunto de servicios de atención a la salud de las personas a los que tienen derecho todos los afiliados a los regímenes Contributivo, Contributivo Subsidiado y Subsidiado, cuyos contenidos están definidos en el reglamento correspondiente y su forma de prestación estará normatizada y regulada por los manuales de procedimientos y guías de atención integral que se elaboran para tal efecto.

PLAN DE SERVICIOS DE SALUD (PDSS)

Es el plan de Servicios de Salud producto del acuerdo firmado por todos los sectores del Sistema Dominicano de Seguridad Social (SDSS), el 19 de diciembre de 2006, ratificado mediante la Resolución No. 151-05 del Consejo Nacional de la Seguridad Social (CNSS) en fecha 11/01/2007, para posibilitar la entrada en vigencia del Seguro Familiar de Salud del Régimen Contributivo; es considerado como una primera etapa de aplicación del Plan Básico de Salud (PBS).

PRESTACIONES DEL PLAN DE SERVICIOS DE SALUD (PDSS)

– Prevención y Promoción
– Atención Ambulatoria
– Servicios Odontológicos
– Emergencia
– Hospitalización
– Partos
– Cirugía
– Apoyo Diagnóstico (Dx) en Internamiento y Ambulatorio
– Atenciones de Alto Costo y de Máximo Nivel de Complejidad
– Rehabilitación

– Medicamentos Ambulatorios

COBERTURA EN HABITACIÓN DEL PLAN DE SERVICIOS DE SALUD (PDSS)

Se establece una cobertura de habitación de cien por ciento (100%) hasta mil doscientos pesos (1,200.00) por afiliado por día; y una cobertura de noventa por ciento (90%) en el exceso desde mil doscientos (1,200.00) hasta mil ochocientos (1,800.00).

LOS PLANES COMPLEMENTARIOS

Son aquellos planes de salud que ofertan las ARS para ampliar la cobertura del PDSS, y deben ser comprados a la ARS en que se está afiliado, la forma de pago es directa a la ARS y la modalidad de pago debe ser un acuerdo entre las partes interesadas (ARS - empleador si es colectivo o ARS - usuario si es individual).

REQUISITOS PARA QUE LAS ARS PUEDAN OFERTAR PLANES COMPLEMENTARIOS

Deben presentar a la SISALRIL para su aprobación los siguientes requisitos:

a) Nombre y descripción de la cobertura del plan.
b) Suficiencia técnica y financiera.

c) Precios y modalidades de pago.

d) Copia del contrato de aseguramiento del plan ofertado con detalles de períodos de carencia, exclusiones y tope máximo, períodos de vigencia, disposiciones de modificación del contrato entre las partes, exclusiones y limitaciones.

ENFERMEDADES CATASTRÓFICAS QUE CUBRE EL PLAN DE SERVICIOS DE SALUD (PDSS)

– Procedimientos en corazón y pericardio
–Procedimientos en vasos cardíacos (coronarias)
– Procedimientos en válvulas del corazón
– Trasplante de corneas
– Hemodiálisis renal
– Diálisis Peritoneal
– Trasplante Renal
– Reemplazo articular de caderas
– Reemplazo articular de rodillas
– Reemplazo articular de hombros
– Columna: Cirugía escoliosis
– Columna: Espondiolistesis total
– Atención de prematuros
– Atención en unidad de cuidados intensivos
– Tratamiento de cáncer adultos
– Tratamiento de cáncer pediátricos
– Tratamiento de politraumatismo
– Tratamiento de quemaduras graves

DIFERENCIA ENTRE EL PLAN BÁSICO DE SALUD (PBS) Y EL PLAN DE SERVICIOS DE SALUD (PDSS)

El Plan Básico de Salud (PBS) tiene un catálogo definido con todos los servicios de salud, el Plan de Servicios de Salud (PDSS) define gradualidad en la entrega de esos servicios, establece copagos, topes y cuotas moderadoras.

DOCUMENTOS NECESARIOS PARA AFILIARSE A UNA ADMINISTRADORA DE RIESGOS DE SALUD (ARS)

Para el afiliado titular:

– Cédula y formulario de afiliación
Para los dependientes:
– Acta de matrimonio o declaración jurada de unión libre.
– Cédula de identidad y electoral de los mayores de edad.
– Acta de nacimiento de los hijos.
– Certificación actualizada del centro de estudios para los hijos dependientes con edades entre 18 y 21 años.
– Acta de nacimiento de los hijos que estén incluyendo a sus padres.
– Certificación médica para los discapacitados.

LISTADO DE LAS PRESTADORAS DE SERVICIOS DE SALUD (PSS) QUE LA ARS TIENE CONTRATADA

Cada ARS tiene un listado de Prestadoras de Servicios de Salud (PSS) y tiene la obligación de entregársela a cada afiliado.

NORMATIVAS DEL SFS

– La Ley 87-01
– El Reglamento del Seguro Familiar de Salud
– Las Resoluciones del Consejo Nacional de Seguridad Social (CNSS) y de la Superintendencia de Salud y Riesgos Laborales (SISALRIL) que así lo establezcan.

DOCUMENTO O IDENTIFICACIÓN SE SOLICITAN Y RECIBEN LOS SERVICIOS DEL SEGURO FAMILIAR DE SALUD

Las Administradoras de Riesgos de Salud (ARS) siguen utilizando provisionalmente los carnés convencionales que entregaban las Igualas Médicas (ahora ARS), esto así hasta que el Sistema Dominicano de Seguridad Social (SDSS) emita la identificación definitiva.

AFILIACION AL SFS DEL RÉGIMEN CONTRIBUTIVO

Puede afiliarte a una de las ARS habilitadas por la SISALRIL, de no hacerlo en el plazo establecido, el Sistema lo afilia de manera automática. Para ejercer el derecho a la libre afiliación, el trabajador debe completar un formulario previsto por la ARS escogida, anexando la documentación necesaria para la inclusión de los miembros del núcleo familiar.

LAS PRESTACIONES DEL SFS

PRESTACIONES EN ESPECIE:

– Plan Básico de Salud (PBS)
– Servicios de Estancias Infantiles
Prestaciones en dinero:
– Subsidios por enfermedad
– Subsidios por maternidad y lactancia

BENEFICIARIOS DEL SFS DEL RÉGIMEN CONTRIBUTIVO

– El afiliado titular.
– El cónyuge o compañera/compañero de vida.
– Los hijos menores de dieciocho (18) años.
– Los hijos entre los dieciocho (18) y los veintiún (21) años, cuando sean estudiantes de tiempo completo.
– Los hijos de cualquier edad si tienen discapacidad permanente.
– Los hijos del cónyuge o compañera/compañero de vida del afiliado que cumplan los requisitos anteriores.
– Otros familiares que dependan del afiliado (inicialmente los padres e hijos mayores de 21 años que estudien), siempre que el afiliado cubra el costo adicional de su protección.

AFILIACION DE LOS PADRES EN EL SFS DEL RÉGIMEN CONTRIBUTIVO

El afiliado titular solicita a su empleador incluir al padre y/o madre que desea agregar al núcleo familiar en la ARS a la que se encuentra inscrito;

El empleador debe incluir al padre y/o madre, a fin de realizar las retenciones correspondientes;

El empleador notifica a la Tesorería de la Seguridad Social (TSS) las novedades de su nómina;

Una vez registrados los nuevos ingresos, la TSS pagará al ARS correspondiente el pago de la cápita establecida y ésta a su vez deberá prestar los servicios.

TIEMPO QUE SE DEBE ESPERAR PARA RECIBIR LOS SERVICIOS DESPUÉS DE AFILIARSE A UNA ARS EN EL RÉGIMEN CONTRIBUTIVO

A partir del momento de la afiliación se reciben los servicios de emergencia, promoción y prevención en caso de necesitarlos, así como la atención al parto y sus consecuencias.

El resto de los servicios contemplados son brindados treinta (30) días después de la inscripción.

REALIZACION DE LA UNIFICACIÓN DEL NÚCLEO FAMILIAR

a) El afiliado que desee pasar como dependiente debe realizar una comunicación dirigida a la ARS en que se encuentra afiliado (ARS Origen), informando que desea ser dado de baja o excluido para pasar como dependiente de su esposo o compañero de vida (ARS Destino), a esta debe anexar los documentos que avalen que puede ser incluido con su compañero.

b) Luego debe dirigirse a la ARS en donde desea pasar como dependiente y depositar los documentos que avalen la calidad para poder pasar como dependiente del afiliado titular y el acuse de recibo de la comunicación entregada a la ARS Origen.

c) Al cabo de dos (2) días laborables debe confirmar su de baja de la ARS Origen y posterior afiliación como dependiente.

d) Es recomendable que solicite su de baja a finales de mes (después de la distribución del per cápita)

Nota: Si el afiliado que desea pasar como dependiente, tiene a su vez dependientes, debe realizar la reclamación por su núcleo completo.

PARA SABE EN CUÁL ARS SE ESTÁ AFILIADO

A través de la página Web de la Dirección de Información y Defensa de la Seguridad Social (DIDA), llamando al *462 o comunicándose con la DIDA.

TIEMPO PARA CAMBIAR DE ARS EN EL RÉGIMEN CONTRIBUTIVO

Los afiliados pueden cambiar de ARS una vez por año.

REQUISITOS PARA PODER CAMBIAR DE ARS EN EL RÉGIMEN CONTRIBUTIVO

– Haber pagado 12 cotizaciones consecutivas a la ARS donde se está afiliado.
– Estar al día en el pago de la seguridad social
– Que ningún miembro del núcleo familiar (incluyendo a los padres) tenga pendiente someterse a una cirugía electiva o tratamiento en curso por enfermedad catastrófica, esto así hasta que hayan concluidos estos procedimientos.
– Que el afiliado (a) titular no esté afiliado (a) a una ARS de Autogestión Institucional.
– Que el afiliado (a) titular no esté afiliado (a) al SENASA en su condición de empleado público.

¿PUEDE UNA ARS RECHAZAR LA SOLICITUD DE CAMBIO DE ARS EN EL RÉGIMEN CONTRIBUTIVO?

Ninguna ARS puede rechazar la solicitud de cambio de un afiliado (a) por razones de edad, condición social, de salud o laboral, salvo que no cumplan con los requisitos establecidos, en cuyo caso la ARS tiene que entregarle una Notificación de Rechazo de Solicitud de Traspaso.

REQUISITOS PARA CAMBIAR DE ARS EN EL RÉGIMEN CONTRIBUTIVO

– Presentarse personalmente a la ARS a que se quiere cambiar.
– Solicitar el Formulario de Notificación de Desafiliación y Solicitud de Traspaso de ARS, firmar y sellar con las huellas dactilares.
– Recibir una copia del formulario como constancia de la solicitud.

TIEMPO PARA RECIBIR LA RESPUESTA DE LA SOLICITUD DE CAMBIO DE ARS EN EL RÉGIMEN CONTRIBUTIVO

En 30 días calendario a partir de la notificación de la solicitud.

TIEMPO PARA RECIBIR LOS SERVICIOS DE LA NUEVA ARS AL CAMBIARSE EN EL RÉGIMEN CONTRIBUTIVO

A partir del primer día del mes subsiguiente a la solicitud; una vez cumplidos los 30 días calendario. Es decir, si solicitas el día 18 de agosto, recibirás las atenciones de salud en la nueva ARS desde el primero de octubre. En todo caso la ARS deberá informarle que el proceso de traspaso ha concluido y garantizarte inmediatamente los servicios a usted y sus dependientes, aunque no se les haya entregado los carnés, con sólo presentar su cédula.

GARANTIA DE LAS ATENCIONES DE SALUD EN EL RÉGIMEN CONTRIBUTIVO

La ARS de la que te estás desafiliando continuará autorizando los servicios de salud, hasta concluir definitivamente el proceso de cambio.

FONDO NACIONAL DE ATENCIÓN MÉDICA POR ACCIDENTES DE TRÁNSITO (FONAMAT)

Es el fondo diseñado para cubrir las prestaciones médicas de los afiliados protegidos por el régimen contributivo, que sean requeridas como resultado de accidentes de tránsito y que no estén cubiertas por el Seguro de Riesgos Laborales.

TEMA VI
SUBSIDIOS POR
MATERNIDAD Y
LACTANCIA

SUBSIDIOS DE MATERNIDAD Y LACTANCIA

Subsidio por Maternidad: Es el pago en dinero a la trabajadora afiliada al Régimen Contributivo equivalente a tres meses de salario cotizable, otorgados durante el período de Descanso por Maternidad.

SUBSIDIO POR LACTANCIA: Es el pago en dinero a los hijos menores de un (1) año de las Trabajadoras afiliadas al Régimen Contributivo que perciban un salario menor o igual a tres (3) salarios mínimos nacional otorgado en las condiciones y formas que para tales fines se establecen en el Reglamento Sobre Subsidio por Maternidad y El Subsidio por Lactancia.

En caso de cotizar por dos o más empleo, recibirás el monto total del subsidio por cada uno.

REQUISITOS PARA UNA TRABAJADORA EMBARAZADA RECIBIR LOS SUBSIDIOS DE MATERNIDAD Y LACTANCIA.

Según establece el artículo 132 de la ley 87-01, los requisitos para recibir los subsidios de maternidad y lactancia son los siguientes:
– Haber cotizado por lo menos durante ocho (8) meses del periodo comprendido en los doce (12) meses anteriores a la fecha de su alumbramiento.
– No realizar ningún trabajo remunerado en el período en el que esté recibiendo el subsidio por maternidad.
Excepción transitoria: Durante los primeros ocho (8) meses de vigencia del Reglamento de Subsidio, estas condiciones serán obviadas, reconociéndose el derecho a percibir el Subsidio por maternidad a todas las trabajadoras afiliadas al Régimen Contributivo que estuviesen cotizando regularmente al momento del alumbramiento.

COMIENZO DE LOS SUBSIDIOS POR MATERNIDAD Y LACTANCIA Y ¿QUIÉNES LO RECIBEN?

Toda trabajadora afiliada que inició su descanso por maternidad o dio a luz a partir del primero de septiembre del año 2008, tiene el derecho a recibir Subsidios por Maternidad y Lactancia.

OTORGAMIENTO DE LOS SUBSIDIOS POR MATERNIDAD Y LACTANCIA

La Superintendencia de Salud y Riesgos Laborales (SISALRIL), la cual los ha subrogado a través de la Tesorería de la Seguridad Social (TSS).

PROCEDIMIENTO PARA LA SOLICITUD Y ENTREGA DE LOS SUBSIDIOS DE MATERNIDAD Y LACTANCIA

a) Una vez la trabajadora afiliada sea informada de su estado de embarazo, solicitará a su médico tratante o Prestadora de Servicios de Salud (PSS) elaborar el Informe de Maternidad, el cual certificará las siguientes informaciones:
– Nombres, apellidos, número de cédula y/o número de Seguridad Social de la trabajadora beneficiaria.
– Cantidad de semanas de embarazo al momento del examen.

– Fecha probable del parto.

– Nombre y número de exequátur del médico tratante.

– Administradora de Riesgos de Salud (ARS) a la cual está afiliada la trabajadora.

– Nombres, apellidos y cédula de la persona que la trabajadora afiliada haya designado para que, en caso de su fallecimiento, pueda recibir los subsidios de maternidad y lactancia.

Este informe constará de un original y tres copias: El original y una copia para la trabajadora y dos copias para el médico o PSS tratante.

b) La trabajadora entregará el original de este informe a su empleador y el médico remitirá una copia a la ARS a la cual está afiliada la trabajadora.

c) El Informe de Maternidad debe contener de forma legible las informaciones antes señaladas y estar debidamente firmado y sellado por el médico o PSS tratante y firmado por la trabajadora afiliada.

NO ES NECESARIO UN FORMATO ESPECÍFICO PARA ELABORAR EL INFORME DE MATERNIDAD

Pero para mayor facilidad, hay un formulario modelo disponible para estos fines en las páginas de Internet de la SISALRIL, TSS y la Dirección de Información y Defensa del Afiliado (DIDA).

OBLIGACIONES DEL EMPLEADOR LUEGO DE RECIBIR EL ORIGINAL DEL INFORME DE MATERNIDAD

– Registrar como novedad, el estado de embarazo de la trabajadora afiliada y los datos e informaciones contenidos en el Informe de Maternidad, a través de un formulario electrónico que esta disponible en el Sistema Único de Información y Recaudo (SUIR) de la TSS, información a la que tiene acceso la SISALRIL.

– Conservar en el expediente de la trabajadora, el original de este Informe de Maternidad, a fin de facilitarlo a la SISALRIL o a la TSS, en caso de que sea requerido.

– Registrar en el SUIR la fecha de inicio del Descanso por Maternidad (licencia pre y post natal), lo cual constituye la "Solicitud de Subsidio por Maternidad".

– Notificar a través del SUIR, todas las novedades que pudiesen afectar el otorgamiento de los subsidios, entendiéndose por éstas: la pérdida del embarazo, el fallecimiento del o los infantes, el fallecimiento de la madre, entre otras.

– El empleador es el responsable de pagar el 100% del salario cotizable de la trabajadora, el cual es reembolsado por el Sistema.

AUTORIZACION PARA EL PAGO DEL SUBSIDIO POR MATERNIDAD

La SISALRIL autorizará el pago del Subsidio por Maternidad, luego de verificar todas las informaciones suministradas por el empleador, y el cumplimiento de las condiciones establecidas por la Ley y los Reglamentos.

FORMA DE PAGO DEL SUBSIDIO POR MATERNIDAD

El empleador realizará el pago correspondiente al subsidio por maternidad a la trabajadora afiliada a través de la nómina de la empresa. La TSS reembolsa el pago por disposición de la SISALRIL.

LA SISALRIL REEMBOLSA AL EMPLEADOR EL PAGO DEL SUBSIDIO POR MATERNIDAD.

A través de un crédito aplicado a la Notificación de Pago (NP) generada por la Tesorería de la Seguridad Social (TSS), siempre que la Notificación de pago del período sea por un monto mayor al monto del subsidio por maternidad de sus trabajadoras.

SI LA NOTIFICACIÓN DE PAGO DEL PERÍODO ES POR UN MONTO MENOR O IGUAL AL MONTO DEL SUBSIDIO POR MATERNIDAD DE LAS TRABAJADORAS

La SISALRIL lo reembolsa mediante depósito a la cuenta bancaria del empleador, la cual debe estar previamente registrada por éste en el SUIR.

PAGO DEL SUBSIDIO POR MATERNIDAD EN CASO DE QUE LA TRABAJADORA FALLEZCA ANTES DE TERMINAR SU LICENCIA

El pago del subsidio se depositará en una cuenta de ahorro o corriente de la persona que ella haya designado en el Informe de Maternidad. En caso de que no haya designado una persona para recibir el subsidio, se procederá a pagar conforme a lo establecido en el Reglamento sobre el Subsidio por Maternidad y el Subsidio por Lactancia.

PROCEDIMIENTO PARA SOLICITAR EL SUBSIDIO POR LACTANCIA

a) Luego del parto, la trabajadora o la persona designada por esta, deberá informar al empleador el alumbramiento y entregarle copia del acta de nacimientos del recién nacido expedida por la Oficialía del Estado Civil correspondiente.

b) El empleador deberá conservar en el expediente de la trabajadora copia del acta de nacimiento del recién nacido a fin de facilitarlo a la SISALRIL o a la TSS, en caso de que lo requieran.

c) Una vez el empleador reciba el acta de nacimiento del recién nacido procederá a registrarla en el SUIR, lo que constituirá la "Solicitud de Subsidio por Lactancia".

OTORGAMIENTO DEL PAGO DEL SUBSIDIO POR LACTANCIA

La SISALRIL realizará el pago correspondiente al subsidio por lactancia directamente a la trabajadora afiliada a través de depósitos en una cuenta de ahorros o corriente de la madre, luego de verificar que esta cumple con las condiciones requeridas.

SI EL EMPLEADOR NO SOLICITA EL SUBSIDIO POR LACTANCIA.

La trabajadora podrá gestionarlo de forma directa ante la SISALRIL, presentando la documentación correspondiente.

SI LA TRABAJADORA AFILIADA FALLECE DURANTE LA VIGENCIA DEL SUBSIDIO POR LACTANCIA, QUÉ PASA CON ESTE

En este caso, el pago del subsidio se depositará en una cuenta de ahorro o corriente de la persona que ella haya designado en el Informe de Maternidad.

En caso de que no haya designado una persona para recibir el subsidio, se procederá conforme a lo establecido en el Reglamento sobre el Subsidio por Maternidad y el Subsidio por Lactancia (Se pagará al padre o tutor designado por el consejo de familia).

CONDICIONES PARA RECIBIR EL SUBSIDIO POR LACTANCIA

La trabajadora afiliada sólo tendrá derecho al subsidio por lactancia cuando la suma de los salarios mensuales devengados sea inferior a tres (3) Salarios Mínimo Nacional.
– Trabajadoras que ganen hasta un tope de un salario mínimo nacional recibirán un 25% de su salario mensual cotizable.
– Trabajadoras que ganen entre uno (1) y dos (2) salarios mínimos nacional, un 10% de su salario mensual cotizable.

– Trabajadoras que ganen entre dos (2) y tres (3) salarios mínimos nacional un 5% de su salario mensual cotizable.

CALCULO DEL SUBSIDIO POR MATERNIDAD Y LACTANCIA SI TENGO MÁS DE UN EMPLEADOR

Se calcule sobre la misma base que la Tesorería de la Seguridad Social (TSS) utiliza para el cálculo de los aportes al Seguro Familiar de Salud (SFS).

LO QUE SUCEDE CON EL PAGO DE LICENCIA PRE Y POST NATAL CUANDO EL SALARIO DE LA TRABAJADORA ES SUPERIOR AL TOPE COTIZABLE PARA EL SFS.

En este caso la SISALRIL cubrirá el pago hasta el tope cotizado (10 salarios mínimos, equivalentes a RD$56,350.00) por usted y es responsabilidad del empleador cubrir la diferencia a fin de que la trabajadora reciba el salario ordinario completo, en virtud de lo que establece el primer párrafo del artículo 239 del Código de Trabajo.

COTIZACION DURANTE LA LICENCIA PRE Y POST NATAL A LA SEGURIDAD SOCIAL

Tanto la trabajadora como su empleador, deben seguir cotizando a la seguridad social, en las mismas condiciones y proporciones que establecen los artículos 56 y 140 de la Ley 87-01, modificados por los artículos 1 y 3 de la Ley 188-07.

LO QUE SUCEDE CUANDO EL EMPLEADOR SE ATRASA EN EL PAGO DE LAS COTIZACIONES AL SEGURO FAMILIAR DE SALUD (SFS)

A partir del momento en que el empleador se ponga al día en el pago de las cotizaciones y en consecuencia la trabajadora complete la cantidad requerida, ésta tendrá derecho al pago de los subsidios de maternidad y lactancia.

TEMA VII
SEGURO DE PENSIONES

EL SEGURO DE PENSIONES

Es un conjunto de seguros integrados por un sistema de capitalización, basado en una Cuenta de Capitalización Individual (CCI) para cada afiliado y un sistema de Reparto, solidario, con un fondo común, de beneficios definidos y acumulación año a año.

FINANCIAMIENTO

El seguro de pensiones en el régimen contributivo se financia mediante las cotizaciones y contribuciones obligatorias de los empleadores y de los trabajadores, los beneficios, intereses y rentas provenientes de las reservas del Fondo de Solidaridad, las multas, entre otras.

LAS PRESTACIONES

– Pensión por vejez;
– Pensión por discapacidad, total o parcial;
– Pensión por cesantía por edad avanzada; y
– Pensión de sobrevivencia.

FORMA DE AFILIARSE AL SEGURO DE PENSIONES

A través de la nomina de su empleador, el cual tiene la obligación de registrar a sus trabajadores en la Tesorería de la Seguridad Social (TSS). El trabajador debe elegir la Administradora de Fondos de Pensiones que administrará su Cuenta de Capitalización Individual. Si usted no elige, el Sistema lo afilia automáticamente en la AFP donde estén la mayoría de sus compañeros de trabajo.

LUGAR DÓNDE SE SOLICITAN LAS PRESTACIONES.

Los afiliados a Administradoras de Fondos de Pensiones (AFP), solicitan las prestaciones por ante la AFP en que están afiliado; mientras que los del sistema de reparto, es decir, los afiliados protegidos por las leyes 1896-48 y 379-81, la solicitarán en el Instituto Dominicano de Seguros

Sociales (IDSS) y en el Ministerio de Estado de Hacienda respectivamente.

CUENTA DE CAPITALIZACIÓN INDIVIDUAL (CCI)

Es el registro individual unificado de los aportes, que de acuerdo a lo establecido en la ley 87-01 es propiedad exclusiva de cada afiliado. Este registro se efectúa en la AFP de elección del trabajador y comprende todos los aportes voluntarios y obligatorios, la rentabilidad y el bono de reconocimiento, si aplica.

SISTEMA DE REPARTO

Es el Sistema de pensión basado en aportaciones definidas, que constituyen un fondo común del que los afiliados en edad de retiro reciben las pensiones definidas por la ley o reglamentación que lo crea. El monto de la pensión asignada a cada beneficiario no guarda relación con los aportes realizados durante su vida laboral.

NORMATIVAS

– La Ley 87-01
– El Reglamento del Seguro de Pensiones

– Las Resoluciones del Consejo Nacional de Seguridad Social (CNSS) y de la Superintendencia de Pensiones (SIPEN) que así lo establezcan.
– Circulares de la SIPEN

PENSIÓN DE DISCAPACIDAD

Son los beneficios que recibe el afiliado, cuando acredite sufrir una enfermedad que le inhabilite parcial o totalmente para ejercer un trabajo u oficio remunerado.

REQUISITOS Y DOCUMENTOS NECESARIOS PARA SOLICITAR LA PENSIÓN DE DISCAPACIDAD EN EL SISTEMA, CUENTA DE CAPITALIZACIÓN INDIVIDUAL (CCI)

REQUISITOS:

– Sufrir una enfermedad o lesión crónica. Se considerará discapacidad total, cuando se reduzca en dos tercios (2/3) su capacidad productiva, y discapacidad parcial, entre un medio (1/2) a dos tercios (2/3).
– Haber agotado su derecho a prestaciones por enfermedad no profesional.

DOCUMENTOS:

– Comunicación (carta)

– Formulario de solicitud de pensión por discapacidad (llenado correctamente).

– Extracto del acta de nacimiento certificada y legalizada.

– Copia de la cédula de identidad y electoral y/o carné de la seguridad social.

– Expediente o historial clínico actualizado del médico que avale la discapacidad.

–Original certificados médicos que avalen la discapacidad.

– Estudios de laboratorios especializados que avalen la discapacidad.

– Acta policial legalizada (en caso de accidente).

– Carta del empleador explicando el tiempo laborando, puesto y horario.

DETERMINACION DEL GRADO DE DISCAPACIDAD PARA OBTENER LA PENSIÓN CORRESPONDIENTE

El grado de discapacidad será determinado por las Comisiones Médicas Regionales de acuerdo a las normas de evaluación y calificación del grado de discapacidad.

COMISIÓN MÉDICA NACIONAL (CMN)

La Comisión Médica Nacional es una instancia de apelación cuya función es revisar, validar o rechazar los dictámenes de las Comisiones Médicas Regionales.

COMISIONES MÉDICAS REGIONALES (CMR)

La Comisión Médica Regional (CMR) o Comisiones Médicas Regionales, son las entidades formadas por tres médicos designados por el CNSS para determinar el grado de discapacidad, siguiendo las normas de evaluación y calificación del grado de discapacidad elaborada por el Consejo Nacional de la Seguridad Social.

COMISIÓN TÉCNICA SOBRE DISCAPACIDAD (CTD)

La Comisión Técnica sobre Discapacidad (CTD) se encarga de establecer las normas, criterios y parámetros para evaluar y calificar el grado de discapacidad de los afiliados de las Administradoras de Fondos de Pensiones (AFP).

CUANDO NO SE ESTÁ CONFORME CON LA PENSIÓN POR DISCAPACIDAD ORGANISMO POR ANTE EL CUAL DEBE HACERSE LA RECLAMACIÓN.

Los afiliados a las AFP podrán apelar ante la Comisión Médica Nacional el resultado de un dictamen de discapacidad emitido por una Comisión Médica Regional en un plazo no mayor de los diez (10) días hábiles siguientes a la comunicación del dictamen.

PROCEDIMIENTO PARA SOLICITAR LA PENSIÓN POR DISCAPACIDAD (AUTOSEGURO-LEY 379-81 Y 1896-48)

Este beneficio debe ser solicitado por el afiliado o su representante legal ante el departamento de

Jubilaciones y Pensiones del Instituto Dominicano del Seguros Sociales (IDSS).

REQUISITOS:

- Sufrir una enfermedad o lesión crónica. Se considerará discapacidad total, cuando se reduzca en dos tercios (2/3) su capacidad productiva, y discapacidad parcial, entre un medio (1/2) a dos tercios (2/3); y
–Haber agotado su derecho a prestaciones por enfermedad no profesional.

DOCUMENTOS:

- Extracto del acta de nacimiento certificada y legalizada.
- Copia de la cédula de identidad y electoral y/o carné de la seguridad social.
- Expediente o historial clínico actualizado del médico que avale la discapacidad.
- Original certificados médicos que avalen la discapacidad.
- Estudios de laboratorios especializados que avalen la discapacidad.
- Acta policial legalizada (en caso de accidente).
- Carta del empleador explicando el tiempo laborando, puesto y horario.

PENSIÓN POR SOBREVIVENCIA

Es el beneficio al cual tienen derecho la esposa o la compañera de vida del afiliado fallecido y los hijos menores de 18 años, hasta 21 años si son estudiante y los hijos discapacitados, dependientes del titular, sin importar la edad.

PROCEDIMIENTO PARA SOLICITAR LA PENSIÓN POR SOBREVIVENCIA

El o los dependientes sobrevivientes del afiliado fallecido deben presentarse por ante la AFP ó el IDSS y hacer la solicitud, mediante el formulario oficial denominado "Solicitud de sobrevivencia y declaración de beneficiario".

DOCUMENTOS:

– Extracto del Acta de Defunción del Afiliado, debidamente legalizada.
– Extracto del acta de nacimiento del cónyuge.
– Extracto del acta de matrimonio del cónyuge. En caso de existir una unión de hecho deberá anexarse un acto de notoriedad en el que se declare la unión.
– Extracto del acta de nacimiento de todos los hijos del afiliado fallecido, menores de 21años.

SI HUBIERE HIJOS ADOPTIVOS SE DEBERÁ PRESENTAR LA DOCUMENTACIÓN LEGAL QUE LOS ACREDITE COMO TALES.

– Consejo de familia, debidamente homologado cuando el beneficiario sea menor edad en ausencia de tutores legales.
– Acto de notoriedad para validar los hijos y la unión de hecho si aplica.
– De existir hijos discapacitados de cualquier edad, deberá presentar una certificación de calificación de discapacidad emitida por la comisión Médica Regional que corresponda.
– Acta policial en caso de muerte no natural.

PENSIÓN POR VEJEZ

Son los ingresos mensuales que recibe un afiliado para compensar la pérdida a consecuencia de su retiro por haber terminado su vida laboral.

PROCEDIMIENTO PARA SOLICITAR LA PENSIÓN POR VEJEZ EN EL SISTEMA CUENTA DE CAPITALIZACIÓN INDIVIDUAL (CCI)

Los beneficiarios o su Representante Legal, deben solicitarla vía la administradora de fondos de pensiones.

REQUISITOS:

– Tener la edad de sesenta (60) años y haber cotizado 360 meses.

DOCUMENTOS:

– Formulario de solicitud de pensión por vejez (completado correctamente).
– Extracto del acta de nacimiento certificada y legalizada.
– Copia de la cédula de identidad y electoral y/o carné de la seguridad social

PENSIÓN POR EDAD AVANZADA

Es el beneficio que obtiene el afiliado cuando queda privado de un trabajo remunerado, ha cumplido cincuenta y siete (57) años de edad, y tener un mínimo de trescientas (300) cotizaciones acumuladas en su Cuenta de Capitalización Individual (CCI).

PROCEDIMIENTO PARA SOLICITAR LA PENSIÓN POR VEJEZ (LEY 1896-48)

El beneficiario o su representante legal deberán solicitarla al Instituto Dominicano de Seguros Sociales, específicamente en el Departamento de Pensiones y Jubilaciones.

REQUISITOS:

– Para aplicar debe tener un mínimo de 400 cotizaciones semanales pagadas, para la Pensión reducida, y para la plena, debe haber acumulado un mínimo de 800 cotizaciones semanales pagadas.

DOCUMENTOS:

– Formulario de solicitud de pensión por Vejez (completado correctamente).
– Extracto del acta de nacimiento certificada y legalizada. Copia de la cédula de identidad y electoral y/o carné de la seguridad social.
– Presentación de los documentos en un (1) original y dos (2) copias.

PROCEDIMIENTO PARA SOLICITAR LA PENSIÓN POR VEJEZ (379-81)

El beneficiario o su representante legal deben solicitarla vía la institución donde labore el afiliado y ésta a sus vez la tramitará a la Secretaría de Estado de Hacienda (Finanzas).

REQUISITOS:

– Tener la edad de sesenta (60) años y haber trabajado por lo menos veinte (20) años en el sector público, ya sea en una o varias instituciones, o tener 35 años de servicios en la administración pública, sin importar la edad.

DOCUMENTOS:

– Formulario de solicitud de pensión por vejez (completado correctamente).
– Extracto del acta de nacimiento certificada y legalizada.
– Certificación de cargos de la Contraloría General de la República.
– Copia de la cédula de identidad y electoral y/o carné de la Seguridad Social.
– Tres (3) fotos 2x2.
– Presentación de los documentos en un (1) original y dos (2) copias.

DEVOLUCIÓN DE LOS APORTES HECHOS A LA CUENTA DE CAPITALIZACIÓN INDIVIDUAL (CCI)

Es la entrega de los fondos que se hace a un afiliado, cuando después de haber cotizado y cumplido la edad de retiro queda privado de su trabajo y no cuenta con los fondos suficientes para obtener una pensión, ni califica para una pensión del Régimen Subsidiado.

REALIZACION DE LAS DEVOLUCIONES DE APORTES HECHOS A LA CUENTA DE CAPITALIZACIÓN INDIVIDUAL (CCI).

Cuando se ha cumplido sesenta años de edad o más y hayan transcurrido tres (3) meses, a partir de la fecha de su cesantía. Siempre que no se tenga acumulado en su fondo de pensiones (CCI) un monto suficiente para optar por una pensión, ni califique para una pensión del Régimen Subsidiado.

SOLICITUD DE LA DEVOLUCIÓN DE LOS APORTES HECHOS A LA CUENTA DE CAPITALIZACIÓN INDIVIDUAL (CCI) Y CUALES DOCUMENTOS SE DEBEN PRESENTAR.

Se podrá solicitar la devolución de sus aportes a la AFP, mediante el formulario denominado "Solicitud de Pago de Beneficios por Ingreso Tardío".

LOS DOCUMENTOS A PRESENTAR SON:

– Fotocopia de la cédula de identidad y electoral.
– Acta de nacimiento legalizada.
– Certificación de la Secretaría de Estado de Finanzas o del plan correspondiente (en caso de estar recibiendo una pensión).
– Certificación de la Tesorería de la Seguridad Social de no estar cotizando al SDSS (debe ser solicitada por la AFP).
– Declaración jurada simple de que no califica para una pensión del Régimen Subsidiado (será entregada en la AFP).

– Declaración jurada de que no trabaja (será entregada en la AFP).

CÓMO SE SABE EN QUE AFP SE ESTÁ AFILIADO

Comunicándose con la Dirección de Información y Defensa de los Afiliados a la Seguridad Social (DIDA).

LOS AFILIADOS QUE ESTÁN EN EL SISTEMA DE REPARTO PUEDEN CAMBIARSE PARA UNA ADMINISTRADORA DE FONDO DE PENSIONES (AFP).

Las personas que están en el Sistema de Reparto pueden afiliarse a una AFP, es decir, se pueden ir al Sistema de Capitalización Individual (CCI), pero luego no pueden retornar al Sistema de Reparto.

AL CAMBIAR DE EMPLEO NO SE CAMBIA DE ADMINISTRADORA DE FONDOS DE PENSIONES (AFP).

La afiliación es única y obligatoria. Sus fondos están en una cuenta de capitalización a su nombre, por lo que, si cambia de trabajo o tiene más de uno, sus cotizaciones van a esa cuenta, que sigue estando a su nombre y en la misma AFP.

RENGLONES DE LA ECONOMÍA PUEDEN INVERTIR LAS ADMINISTRADORAS DE FONDOS DE PENSIONES (AFP)

– Depósitos a plazo y otros títulos emitidos por las instituciones bancarias, el Banco Central de la República Dominicana, el Banco Nacional de la Vivienda, el Instituto Nacional de la Vivienda (INVI) y las asociaciones de ahorros y préstamos reguladas y acreditadas.

– Letras o cédulas hipotecarias emitidas por las instituciones bancarias, el Banco Central de la República Dominicana, el Banco Nacional de la Vivienda, el Instituto Nacional de la Vivienda (INVI) y las asociaciones de ahorros y préstamos reguladas y acreditadas.

– Títulos de deudas de empresas públicas y privadas.

– Acciones de oferta pública.

– Títulos de créditos, deudas y valores emitidos o garantizados por estados extranjeros, bancos centrales, empresas y entidades bancarias extranjeras o internacionales, transadas diariamente en los mercados internacionales.

– Títulos y valores emitidos por el Banco Nacional de la Vivienda.

– Fondos para el desarrollo del sector Vivienda.

– Cualquier otro instrumento aprobado por el CNSS, previa ponderación y recomendación de la Comisión Clasificadora de Riesgos y límites de inversiones.

CUANDO NO SE ESTÁ CONFORME CON LA PENSIÓN POR SOBREVIVENCIA ORGANISMO POR ANTE CUAL DEBE RECLAMARSE.

Primero debe acudir a la institución que le ha otorgado la pensión y si no está de acuerdo con la respuesta que ésta le da, entonces tiene derecho de acudir a recibir la orientación profesional de la Dirección de Información y Defensa de los Afiliados a la Seguridad Social (DIDA), de igual forma tiene derecho a solicitar la revisión de su caso por ante la Superintendencia de Pensiones (SIPEN).

CONDICIONES EN LAS CUALES SE PIERDE EL DERECHO DE UNA PENSIÓN DE SOBREVIVENCIA

– Por contraer matrimonio o nueva unión de hecho, cuando disfrute de una pensión mínima que haya sido complementada por el Fondo de Solidaridad Social. En este caso, la pérdida se limitará a la porción complementaria.
– Por el cumplimiento de 18 años de edad, si son hijos solteros no estudiantes; y
– Por el cumplimiento de 21 años de edad, en el caso de los hijos solteros estudiantes.

CUANDO NO SE ESTÁ CONFORME CON LA PENSIÓN POR VEJEZ ORGANISMO POR ANTE CUAL DEBE HACERSE LA RECLAMACIÓN.

Primero debe acudir a la institución que le ha otorgado la pensión y si no está de acuerdo con la respuesta que ésta le da, entonces tiene derecho de acudir a recibir la orientación profesional de la Dirección de Información y Defensa de los Afiliados a la Seguridad Social (DIDA), de igual forma tiene derecho a solicitar la revisión de su caso por ante la Superintendencia de Pensiones (SIPEN).

SI EL AFILIADO ESTÁ TRABAJANDO EN LA REPÚBLICA DOMINICANA Y DECIDE RESIDIR EN EL EXTRANJERO, NO PIERDE SUS FONDOS DE PENSIONES ACUMULADOS EN LA AFP.

Los fondos de pensiones son propiedad del afiliado, por lo que si se va del país su dinero continúa invirtiéndose y obteniendo rentabilidad. La cuenta siempre será de su propiedad.

AFP QUE ESTÁN FUNCIONANDO EN EL SISTEMA DOMINICANO DE PENSIONES

SON CINCO

– Scottia Crecer
– Popular
– Reservas
– Romana
– Siembra

OBLIGACIONES DE LAS AFP CON SUS AFILIADOS

– Administrar las cuentas personales de los afiliados.
– Invertir adecuadamente los fondos de pensiones.
– Otorgar y administrar las prestaciones del sistema previsional;
– Enviar semestralmente los estados de cuenta individual a los afiliados.

PROCEDIMIENTO PARA CAMBIAR O TRASPASARSE DE AFP

Se solicita personalmente por el afiliado en la AFP donde está afiliado (origen).

REQUISITOS:

- Tener seis (6) meses cotizando en la AFP origen.

DOCUMENTOS:

– Formulario de solicitud de traspaso (completado correctamente).
– Cédula de identidad y electoral y/o carné de la Seguridad Social.
– Tres (3) fotos 2x2.
– Presentación de los documentos en un (1) original y dos (2) copias.
Después de completado el formulario, el representante de la AFP origen entrega al afiliado dos (2) copias del mismo y un (1) estado de cuenta cortado a la fecha; documentos estos que deben ser entregados en la AFP destino en un plazo no mayor de treinta (30) días, y donde se suscribe un nuevo contrato de afiliación.

CAMBIO O TRASPASO DE ADMINISTRADORA DE FONDOS DE PENSIONES (AFP).

Los afiliados tienen derecho a cambiarse de AFP una vez por año, con el solo requisito de un preaviso de 30 días. Luego de trasladarse de una AFP a otra, deberá cotizar por lo menos durante seis meses para tener derecho a otro cambio. Empero podrán hacerlo en cualquier momento si la AFP modifica el costo de administración de los servicios.

EL ESTADO DE CUENTA

Es el informe que deben enviar las AFP semestralmente a los afiliados, con las informaciones sobre la situación de su cuenta individual, que indica con claridad los aportes efectuados, las variaciones de su saldo, la rentabilidad del fondo y las comisiones cobradas.

Las Administradoras de Fondos de Pensiones (AFP) deben suministrar a sus afiliados dos veces al año los "Estados de Cuenta de sus CCI" a la dirección que ellos indiquen. En caso de que el estado de cuenta no llegue, se debe llamar a la AFP para solicitarlo.

Si después de notificar a la AFP, no le llega su estado de cuenta, debe ponerse en contacto con la Dirección de Información y Defensa de los Afiliados a la Seguridad Social (DIDA) para hacer la reclamación.

GARANTIA QUE LOS FONDOS DE PENSIONES SEAN ADMINISTRADOS CORRECTAMENTE.

Además de los controles existentes que garantizan eficiencia y transparencia; la Superintendencia de Pensiones supervisa, audita, fiscaliza y sanciona para garantizar el buen funcionamiento de las AFP, el Estado Dominicano, a través del CNSS, es el garante final del adecuado funcionamiento del Sistema Previsional, de su desarrollo, evaluación y readecuación periódicas.

LAS GARANTÍAS DE LOS FONDOS DE PENSIONES DE LOS AFILIADOS.

– La cuenta de garantía de rentabilidad mínima
– Garantía patrimonial de rentabilidad mínima;
– Garantía del Estado Dominicano.

BONO DE RECONOCIMIENTO

Es el monto a que tienen derecho los afiliados protegidos por las leyes 1896 y 379, por los años acumulados a la fecha de entrada en vigencia del Sistema de Pensiones. Dicho monto será redimible al término de la vida laboral activa del afiliado. Relativo al reconocimiento de los derechos adquiridos.

Se reconocen los aportes hechos al Instituto Dominicano de Seguros Sociales (IDSS), realizados antes de estar en una Administradora de Fondos de Pensiones (AFP). Sus derechos adquiridos le serán reconocidos a través del Bono de Reconocimiento.

GARANTIA DEL BONO DE RECONOCIMIENTO

El Estado Dominicano, a través del Sistema Dominicano de Seguridad Social.

OTORGAMIENTO DEL BONO DE RECONOCIMIENTO

El monto será redimible al término de la vida laboral activa del afiliado. Es decir, al momento en que el afiliado o afiliada tenga derecho a recibir la pensión por vejez.

Si hay una disfrutando de una pensión, y consigue un trabajo, debe cotizar al sistema. Pues, toda persona que esté trabajando debe cotizar al Sistema Dominicano de Seguridad Social, incluyendo los pensionados.

Por las cotizaciones que se realizan además de estar disfrutando de una pensión, se puede adquirir el derecho a otra. Toda persona, podrá disfrutar, de dos o más pensiones siempre que sean el resultado de cotizaciones a igual número de planes contributivos.

FONDO DE SOLIDARIDAD

Es el monto acumulado proveniente de aportaciones solidarias realizadas por los empleadores, equivalente al cero punto cuatro (0.4) del salario cotizable, reserva que se utiliza para completar la pensión mínima de aquellos trabajadores de bajos ingresos que, habiendo cumplido con los requisitos de la 87-01, no hayan acumulado lo suficiente para alcanzarla por si misma.

PERSONAS QUE PUEDEN RECIBIR LOS BENEFICIOS DEL FONDO DE SOLIDARIDAD DEL SISTEMA DOMINICANO DE PENSIONES

Los afiliados de ingresos bajos, mayores de 65 años de edad, que hayan cotizado durante por lo menos 300 meses en cualquiera de los sistemas de pensión vigentes y cuya cuenta personal no acumule lo suficiente para cubrirla.

En tales casos, dicho fondo aportará la suma necesaria para completar la pensión mínima.

UN CIUDADANO DOMINICANO QUE RESIDA EN EL EXTRANJERO PUEDE AFILIARSE AL SISTEMA DE PENSIONES DE LA REPÚBLICA DOMINICANA

Los ciudadanos dominicanos residentes en el extranjero pueden afiliarse al Sistema Dominicano de Pensiones seleccionando una AFP de las autorizadas por la SIPEN. La cotización estará a cargo del interesado y podrá efectuarse a través del sistema financiero o agencia del exterior, sus aportes los podrá hacer en divisas,

José Antonio Reynoso Tavárez

bajo el entendido que también lo serán las prestaciones.

TEMA VIII
SEGURO DE RIESGOS LABORALES

EL SEGURO DE RIESGOS LABORALES (SRL)

Es el seguro de la Ley 87-01 destinado para prevenir y cubrir los daños ocasionados por accidentes de trabajo y/o enfermedades profesionales. Comprende toda lesión corporal y todo estado mórbido que el trabajador sufra con ocasión o por consecuencia del trabajo que presta por cuenta ajena. Incluye los tratamientos por accidentes de tránsito en horas laborables y/o en la ruta hacia o desde el centro de trabajo.

LAS NORMATIVAS

– La Ley 87-01
– El Reglamento del Seguro de Riesgos Laborales
– Las Resoluciones del Consejo Nacional de Seguridad Social (CNSS) y de la Superintendencia de Salud y Riesgos Laborales (SISALRIL) que así lo establezcan.

AFILIADOS EN EL SEGURO DE RIESGOS LABORALES (SRL)

Los empleadores y trabajadores bajo dependencia.

AFILIACION

Automáticamente, al empleador registrar su empresa e inscribir sus trabajadores en la Tesorería de la Seguridad Social (TSS).

PRESTACIONES

PRESTACIONES EN ESPECIE:

– Atención médica y asistencia odontológica;
– Prótesis, anteojos y aparatos ortopédicos, y su reparación;

PRESTACIONES EN DINERO:

– Subsidio por discapacidad temporal;
– Indemnización por discapacidad;
– Pensión por discapacidad; y
– Pensión de sobrevivencia.

OTORGAMIENTO DE LAS PRESTACIONES

– LAS PRESTACIONES EN ESPECIE, se otorgan a través de la red de Prestadores de Servicios de

Salud (PSS) contratadas por la Administradora de Riesgos Laborales Salud Segura (ARLSS) a nivel nacional.

– LAS PRESTACIONES EN DINERO, se otorgan en las oficinas de la ARLSS.

PROCEDIMIENTO PARA REPORTAR UN ACCIDENTE DE TRABAJO

– Llenar correctamente el formulario ATR-2, firmado y sellado por el encargado de Recursos Humanos y/o jefe inmediato,
– Anexar certificado médico original; acta policial, cuando el accidente es en trayecto; fotocopia de la cédula de identidad y electoral, y
– Depositar este expediente la Administradora de Riesgos Laborales Salud Segura (ARLSS).

PORCENTAJE A COTIZAR

Este aporte tiene dos componentes:
– Una cuota básica fija del uno por ciento (1%) para todos los empleadores.
– Una cuota adicional variable desde cero punto uno (0.1%) hasta cero punto tres por ciento (0.3%), establecida en función de la rama de actividad y del riesgo de cada empresa, dichos porcentajes se aplican sobre el monto del salario cotizable de cada trabajador.

PROCEDIMIENTO PARA SOLICITAR EL SUBSIDIO POR DISCAPACIDAD TEMPORAL

– El empleador lo reporta a la Administradora de Riesgos Laborales Salud Segura (ARLSS) mediante el formulario ATR-2 o EPR-1.

– Pasadas las cincuenta y dos (52) semanas de incapacidad temporal, si el trabajador no logra la recuperación y su incorporación al trabajo, se realizará una evaluación por la junta evaluadora propuesta por la ARLSS y validada por la Superintendencia de Salud y Riesgos Laborales (SISALRIL) quienes determinaran el grado de discapacidad o sea si es parcial, total o gran discapacidad y en base a esta evaluación se otorgará la pensión.

LA PENSIÓN POR DISCAPACIDAD DEL SRL

Es la pensión que se otorga, cuando, como consecuencia del riesgo del trabajo, el trabajador sufriese una disminución permanente de su rendimiento normal para su profesión. De acuerdo al grado de discapacidad esta puede ser: parcial, total o gran discapacidad.

LA INDEMNIZACIÓN POR DISCAPACIDAD

Es el monto económico que recibirá un afiliado con una discapacidad superior al 15% e inferior al 50% y está calculada entre cinco y diez veces el sueldo base.

LA PENSIÓN POR SOBREVIVENCIA

Es la pensión, que en caso de muerte por accidente de trabajo o enfermedad profesional de un trabajador o un pensionado por riesgo laboral, se otorga a la familia del fallecido.

LOS BENEFICIARIOS DE LA PENSIÓN POR SOBREVIVENCIA

– El cónyuge o compañero de vida.
– Los hijos menores de 18 años, hasta 21 si son estudiantes y de por vida si son discapacitados.

EL ACCIDENTE EN TRAYECTO

Es el accidente de tránsito ocurrido en la ruta de la casa al trabajo o del trabajo a la casa en una ruta y tiempo determinados, este accidente se considera de trabajo.

LA SOLICITUD DEL REEMBOLSO DE LOS GASTOS MÉDICOS, INCURRIDOS POR ACCIDENTE DE TRABAJO.

– La empresa o el trabajador lo solicitan por escrito a la Administradora de Riesgos Laborales Salud Segura (ARLSS);

– Anexar las facturas en original, selladas, más el monto total de la reclamación e informar a nombre de quien se hará el pago.

– Depositar estos documentos en la ARLSS.

TEMA IX
RÉGIMEN
CONTRIBUTIVO

EL RÉGIMEN CONTRIBUTIVO.

Es el régimen que integra a los trabajadores asalariados públicos y privados y a los empleadores. Es financiado por los trabajadores y empleadores incluyendo al Estado en su condición de empleador.

LOS SEGUROS Y BENEFICIOS DE ESTE RÉGIMEN

SON:

– Seguro Familiar de Salud.
– Seguro de Pensiones.
– Seguro de Riesgos Laborales.

LOS BENEFICIOS EN SALUD SON:

– Plan básico de salud.
– Subsidio por enfermedad.
– Subsidio por maternidad.

LOS BENEFICIOS EN PENSIONES SON:

- Pensión de vejez.
- Pensión de discapacidad, total o parcial.
- Pensión de cesantía por edad avanzada.
- Pensión de sobrevivencia.

LOS BENEFICIOS EN RIESGOS LABORALES SON:

- Atención médica.
- Atención odontológica.
- Prótesis, anteojos, aparatos ortopédicos y sus reparaciones.
- Subsidio por discapacidad temporal.
- Indemnización por discapacidad.
- Pensión por discapacidad.
- Pensión de sobrevivencia.

LA AFILIACIÓN A ÉSTE RÉGIMEN

A través del registro de la nómina que realizan las empresas privadas e instituciones públicas ante la Tesorería de la Seguridad Social (TSS).

LOS RECURSOS PARA FINANCIAR EL RÉGIMEN CONTRIBUTIVO.

– De las contribuciones obligatorias de los afiliados y de los empleadores.

– De los beneficios, intereses y rentas provenientes de las multas impuestas como consecuencia del incumplimiento de la Ley 87-01 y sus normas complementarias.

– De la realización de activos y utilidades que produzcan sus bienes.

– De las donaciones, herencias, legados, subsidios y adjudicaciones que se hagan en favor del sistema de Régimen Contributivo.

PERSONAS APORTAN AL RÉGIMEN CONTRIBUTIVO

Los trabajadores y los empleadores.

PORCENTAJES QUE PAGA EL EMPLEADOR

Contribuye al financiamiento del seguro de pensiones, así como para el de salud, con el setenta por ciento (70%) del costo, además paga el cien por ciento (100%) del seguro de riesgos laborales.

LA FECHA DE PAGO

Los primeros tres (3) días laborables de cada mes, de ahí en adelante se pagan moras y recargos.

LOS TOPES MÁXIMOS DE COTIZACIÓN

– Para el seguro de pensiones se establece un salario cotizable máximo equivalente a veinte (20) salarios mínimos nacionales.

– Para el seguro de salud se establece un salario cotizable máximo equivalente a diez (10) salarios mínimos nacionales.

– Para el seguro de riesgos laborales se establece transitoriamente un salario cotizable máximo equivalente a cuatro (4) salarios mínimos nacionales.

NO PUEDE EXCLUIR LA EMPRESA DE ESTE RÉGIMEN

Las empresas no pueden ser excluidas del Régimen Contributivo.

EL SALARIO COTIZABLE

Es el monto del salario que se toma como base para calcular las cotizaciones que debe pagar el afiliado y su empleador.

LA EDAD TOPE PARA COTIZAR

No existe edad tope, mientras se esté trabajando se debe cotizar.

REGISTRO LOS EMPLEADOS MÓVILES Y/O TEMPOREROS

Se registran igual que los demás empleados de la empresa, a través de una novedad en la Tesorería de la Seguridad Social (TSS)

CLAVE DE ACCESO A LA SEGURIDAD SOCIAL (CLASS)

Al registrarse a la Tesorería de la Seguridad Social (TSS) se le proporcionará su CLASS que le permite acceder para registrar su nómina y sus novedades.

NO PUEDE SEGUIR COTIZANDO AL MOMENTO DE QUEDAR CESANTE

Sólo si vuelve a trabajar.

CÓMO SE SABE SI EL EMPLEADOR ESTÁ REALIZANDO LOS PAGOS

Se puede visualizar la deuda de un empleador a través de la consulta "Deuda por empleador" en la página Web de la Tesorería de la Seguridad Social o comunicándose con la Dirección de Información y Defensa de los Afiliados a la Seguridad Social (DIDA)

EL AFILIADO DEBE COTIZAR EN TODOS LOS TRABAJOS QUE TENGA

La cotización es obligatoria sin importar la cantidad de empleos.

EL AFILIADO DEBE CONTINUAR COTIZANDO AÚN ESTÉ INCAPACITADO

Siempre que se reciban remuneraciones se debe realizar los pagos.

DESTINO DE LOS RECURSOS PROVENIENTES DE LOS RECARGOS Y MULTAS

En el caso de salud los recargos se abonan a la cuenta de subsidios, mientras que en el caso de pensiones los recargos se abonan a la cuenta personal del afiliado, en tanto que las multas son depositadas en el Fondo de Solidaridad Social.

PROCEDIMIENTO PARA REPORTAR UNA EMPRESA QUE INCUMPLE LAS NORMAS

– Comunicarse con la Dirección de Información y Defensa de los Afiliados a la Seguridad Social (DIDA).
– Presentar la documentación que avala su relación con la empresa.
– Informar sobre la situación presentada.

– La DIDA procede a tramitar el expediente a la Tesorería de la Seguridad Social (TSS)

PROCEDIMIENTO PARA REALIZAR LOS PAGOS A LA SEGURIDAD SOCIAL

– Todos los meses el empleador recibe de la Tesorería de la Seguridad Social (TSS) una notificación de pago, que expresa los valores de las retenciones y contribuciones.
– Se paga en cualquiera de los bancos comerciales autorizados en efectivo o cheque del banco donde se realiza. En los casos que el cheque sea de otro banco debe estar certificado.

REGISTRO DE UNA EMPRESA EN LA TESORERÍA DE LA SEGURIDAD SOCIAL (TSS)

Para registrar una empresa en la TSS se debe depositar los siguientes datos y documentos:
a. RNC de la empresa
b. Cédula del propietario
c. Razón social y nombre comercial
d. Persona de contacto
e. Número de teléfono donde se le puede contactar
Si no tiene correo electrónico puede llamar al *462 (*GOB), el (809)472-6363 o pasar directamente por la oficina de Unicentro Plaza, con la información de su empresa y de sus

José Antonio Reynoso Tavárez

trabajadores (cédula y los datos que se reportan a través del IR-4).

REGISTRO DE LAS NOVEDADES DE UNA EMPRESA EN LA TESORERÍA DE LA SEGURIDAD SOCIAL (TSS) EN EL RÉGIMEN CONTRIBUTIVO

Las novedades se registran a través del centro de llamadas o directamente autenticándose en el SUIR a través de la página Web. Las más comunes son:

a. Baja de dependiente adicional
b. Cambios de salarios y otros
c. Ingreso de trabajador
d. Registro de dependiente adicional
e. Salida de trabajadores

COMPONENTES DEL SALARIO COTIZABLE

– Salario ordinario.
– Comisiones.
– Pago por concepto de vacaciones.

TEMA X
RÉGIMEN SUBSIDIADO

RÉGIMEN SUBSIDIADO

Es el que protege a los trabajadores por cuenta propia con ingresos inestables e inferiores al salario mínimo nacional, así como a los desempleados, discapacitados e indigentes, financiado fundamentalmente por el Estado Dominicano.

RECURSOS ECONÓMICOS CON QUE SE FINANCIA

– Con las aportaciones del Estado Dominicano.

PRESTACIONES

– Plan Básico de Salud
– Estancias Infantiles
– Prestaciones farmacéuticas ambulatorias gratuitas
– Pensión solidaria por vejez y discapacidad, total o parcial
– Pensión solidaria de sobrevivencia

LOS BENEFICIARIOS

– El jefe del hogar.

– El cónyuge o compañero(a) de vida.

– Los hijos e hijastros menores de 18 años, hasta 21 si son estudiantes o sin límites de edad si son discapacitados.

– Los padres del afiliado titular, solo si son económicamente dependientes del mismo y toda persona unida o no por vínculos de parentesco, hayan convivido en forma permanente bajo un mismo techo durante los últimos tres (3) años. Los dependientes que trabajan serán considerados para calificar la situación económica del núcleo familiar.

RECLAMACION EN CASO DE QUE NO SE SUMINISTRE UN BUEN SERVICIO

Igual que todos los afiliados al Sistema Dominicano de Seguridad Social (SDSS), en la Dirección de Información y Defensa de los afiliados a la Seguridad Social (DIDA).

LAS PENSIONES SOLIDARIAS

El otorgamiento de una pensión solidaria es potestad del Consejo Nacional de Seguridad Social (CNSS) con la colaboración de las instituciones públicas del gobierno central y de las autoridades provinciales y municipales.

PENSIÓN SOLIDARIA POR DISCAPACIDAD

Es la pensión subsidiada por el Estado a favor del beneficiario del subsidio cuando por discapacidad física y/o mental y/o sensorial permanente queda limitado o imposibilitado de realizar un trabajo productivo.

PENSIÓN SOLIDARIA POR SOBREVIVENCIA

Es la pensión subsidiada por el Estado a favor de los beneficiarios dependientes de un pensionado solidario fallecido.

PENSIÓN SOLIDARIA POR VEJEZ

Es la Pensión subsidiada por el Estado a favor de un beneficiario, mayor de sesenta (60) años de edad que carece de recursos suficientes para satisfacer sus necesidades esenciales.

ARS LOS AFILIA

El Seguro Nacional de Salud (SENASA)

LAS UNIDADES DE ATENCIÓN PRIMARIA (UNAP)

Son las unidades de salud a las cuales, los beneficiarios del Seguro Familiar de Salud accederán de forma directa y como puerta de entrada al sistema, para recibir los servicios de salud y desde las que en el caso de que lo requieran, serán referidos a otros niveles de mayor complejidad. Estas UNAPs están conformadas por el médico primario o familiar, una enfermera y un promotor de salud.

Los beneficiarios reciben los servicios médicos sin costo alguno ya que este es financiado en su totalidad por el Estado Dominicano.

DOCUMENTO O IDENTIFICACIÓN SE SOLICITAN Y RECIBEN LOS SERVICIOS

– Con el carnét proporcionado por la ARS SENASA, o
– Con la carta de afiliación que se le entrega a la familia, al momento de comunicarles que están incluidos.

TEMA XI
RÉGIMEN
CONTRIBUTIVO
SUBSIDIADO

RÉGIMEN CONTRIBUTIVO SUBSIDIADO

Es el que protegerá a los profesionales y técnicos independientes y a los trabajadores por cuenta propia con ingresos promedio, iguales o superiores a un salario mínimo nacional, con aportes del trabajador y un subsidio estatal para suplir la falta de empleador.

RECURSOS ECONÓMICOS SE FINANCIA

– Con las contribuciones obligatorias de los afiliados y un subsidio que aportará el Estado Dominicano para suplir la falta de un empleador.

APORTACIONES A ESTE RÉGIMEN

Los trabajadores y el Estado Dominicano supliendo la falta del empleador.

CUÁNDO ENTRA EN VIGENCIA EL RÉGIMEN CONTRIBUTIVO SUBSIDIADO

Esa decisión la debe tomar el Consejo Nacional de la Seguridad Social (CNSS), luego de terminados los estudios socioeconómicos y de factibilidad técnica - financiera.

PRESTACIONES DEL SEGURO DE PENSIONES

– Pensión por vejez,
– Discapacidad total o parcial, y
– Pensión de sobrevivencia

LOS BENEFICIARIOS

Serán beneficiarios:

a) Los profesionales y técnicos que trabajan en forma independiente, así como sus familiares;
b) Los trabajadores por cuenta propia, urbanos y rurales, así como sus familiares;
c) Los trabajadores a domicilio, así como sus familiares;
d) Los jubilados y pensionados del Régimen Contributivo Subsidiado.

El Consejo Nacional de la Seguridad Social (CNSS) establecerá los criterios e indicadores para determinar la población que clasifica para el Régimen Contributivo Subsidiado.

LAS PRESTACIONES

– Plan Básico de Salud;
– Servicios de estancias infantiles.

INICIO LA COBERTURA DEL SEGURO DE RIESGOS LABORALES (SRL) EN EL RÉGIMEN CONTRIBUTIVO SUBSIDIADO (RCS)

Los trabajadores por cuenta propia, serán incorporados en forma gradual, previo estudio de factibilidad técnica y financiera, según el Art. 5, Literal C, Letra b, de la Ley 87-01.

TEMA XII
INFRACCIONES Y
SANCIONES

PENALIDADES ESTABLECE LA LEY 87-01 PARA LAS VIOLACIONES AL SEGURO DE VEJEZ, DISCAPACIDAD Y SOBREVIVENCIA

El empleador que cometa una infracción pagará un recargo del 5% mensual acumulativo del monto involucrado en la retención indebida.

En adición, el retraso en el pago y/o el hacerlo en forma incompleta, dará lugar al inicio de una acción penal por parte de la Administradora de Fondos de Pensiones (AFP) correspondiente. (Art. 115).

Las AFP que incurran en infracciones señaladas en la ley y sus normas complementarias serán sancionadas con una multa no menor a 50 veces ni mayor de 300 veces al salario mínimo nacional. (Art. 115).

MONTOS POR RECARGOS, INTERESES Y MULTAS EN EL SEGURO DE VEJEZ, DISCAPACIDAD Y SOBREVIVENCIA (SVDS).

En virtud de lo establecido por el artículo 116, el monto de los recargos será abonado en la cuenta personal del afiliado; Los intereses por el recargo de la comisión de la Administradora de Fondos de Pensiones (AFP) corresponderán a ésta y las multas serán depositadas en el Fondo de Solidaridad Social.

PENALIDADES ESTABLECE QUE LA LEY 87-01 PARA EL SEGURO FAMILIAR DE SALUD (SFS) Y EL SEGURO DE RIESGOS LABORALES (SRL)

El empleador público o privado que incurra en cualquiera de las infracciones señaladas en el artículo 181 de la ley, deberá pagar un recargo del 5% mensual acumulativo del monto involucrado en la retención indebida. (Art. 182).

El Seguro Nacional de Salud (SNS) y la Administradora de Riesgos de Salud (ARS) que incurra en cualquiera de las infracciones deberán pagar una multa no menor de 50 veces ni mayor de 200 veces el salario mínimo nacional. (Art. 182).

DESTINO DE LOS MONTOS POR RECARGOS, INTERESES Y MULTAS EN EL SEGURO FAMILIAR DE SALUD (SFS) Y EL SEGURO DE RIESGOS LABORALES (SRS)

En lo que respecta al Seguro Familiar de Salud y al Seguro de Riesgos Laborales, el monto de los recargos será abonado a la cuenta de subsidios. (Art. 182).

CASO DE REINCIDIR EN FALTAS

La reincidencia y reiteración de una infracción será considerada como agravante, en cuyo caso la sanción será un 50% mayor. Los responsables de las infracciones graves podrán ser objeto de degradación cívica y de prisión correccional de treinta (30) días a un (1) año. (Art. 115) (Art. 182).

En caso de reincidencia y reiteración en el Seguro de Vejez, Discapacidad y Sobrevivencia, la Superintendencia de Pensiones podrá revocar su habilitación con todas sus consecuencias. (Art. 115).

En el Seguro Familiar de Salud (SFS) y al Seguro de Riesgos Laborales (SRS), la reincidencia por parte de una ARS o del SENASA en el retraso, en forma injustificada, de las prestaciones establecidas en la ley y sus normas complementarias a uno o varios de los beneficiarios, dará lugar a la cancelación por parte de la Superintendencia de Salud y Riesgos Laborales (SISALRIL) de la autorización para operar como tal. (Art. 181).

TEMA XIII
LAS ESTANCIAS
INFANTILES

SERVICIOS DE LAS ESTANCIAS INFANTILES Y CUÁL ES SU OBJETIVO.

Los servicios de Estancias Infantiles complementan el conjunto de prestaciones del Seguro Familiar de Salud del Régimen Contributivo del Sistema Dominicano de Seguridad Social (SDSS), para la protección integral de la familia, incorporados dentro de los beneficios.

Tienen por objetivo permitir que las madres trabajadoras, luego del parto, se reintegren más tempranamente a sus labores, y además que las madres desempleadas puedan salir a buscar empleo confiadas de las atenciones que reciben sus hijos/as en estas entidades.

BENEFICIARIOS DE LOS SERVICIOS DE ESTANCIAS INFANTILES

Los niños/as desde 45 días de nacidos hasta los 5 años de edad, hijos/as de afiliados/as cotizantes al Seguro Familiar de Salud del Régimen Contributivo.

ACCESO A LOS SERVICIOS DE ESTANCIAS INFANTILES

1ro- Inscribir al niño/a en la ARS a la que perteneces, como dependiente en el núcleo familiar.

2do- Llenar una solicitud de ingreso en la Estancia Infantil más cercana a su residencia o lugar de trabajo, presentando los siguientes documentos:
– Copia de la cédula de identidad y electoral del padre, la madre o del tutor
– Certificación de la empresa en la que labora, que incluya la jornada laboral, el ingreso mensual del padre o tutor y de la madre o tutora si aplica.
– Carnet de la ARS, del padre, madre, tutor o tutora, y del niño/a, con el número de Seguridad Social (NSS)
– Copia del acta de nacimiento del niño/a, o documento que avale la condición en acogida familiar o adopción, si aplica.

– Copia de la Tarjeta de Vacunación.

–Una Certificación del Médico-Tratante en caso del niño/a tener una condición especial de salud.

Nota: Este beneficio se ofrecerá de forma gradual.

SERVICIOS RECIBEN LOS NIÑOS/AS EN LAS ESTANCIAS INFANTILES

a) Servicios de cuidado.
b) Alimentación apropiada de acuerdo a la edad y situación de salud del niño/a.
c) Educación pre-escolar.
d) Evaluación y estimulación del desarrollo.
e) Atenciones de Salud y recreación.

CUIDADO DE LOS NIÑOS/AS

Los niños/as son atendidos por un personal entrenado y calificado en atención de menores, cumpliendo con las normas establecidas por el Consejo Nacional de Estancias Infantiles (CONDEI).

RECURSOS PARA OPERAR LAS ESTANCIAS INFANTILES

Del 1% del total de las cotizaciones de los trabajadores y empleadores al SFS del Régimen

Contributivo y de otras fuentes (art. 140 de la ley 87-01).

Los servicios de Estancias Infantiles están libres de cuota o copago adicionales a la cotización de los afiliados titulares al SFS del Régimen Contributivo, sin importar el número de menores dependientes a su cargo que califiquen para recibir esta prestación.

INSTITUCIÓN ENCARGADA DE PRESTAR LOS SERVICIOS DE ESTANCIAS INFANTILES

El IDSS es la institución encargada de prestar estos servicios y lo ejecutará a través de la Administradora de Estancias Infantiles Salud Segura (AEISS), pudiendo éste ofrecer el servicio utilizando instalaciones propias o subrogadas. (art. 134 de la Ley 87-01)

ENTIDADES DEL SISTEMA ENCARGADAS DE SUPERVISAR QUE SE CUMPLAN LAS NORMAS EN LOS SERVICIOS DE LAS ESTANCIAS INFANTILES

El Consejo Nacional de Estancias Infantiles (CONDEI) es responsable de establecer las normas y supervisar su cumplimiento en las operaciones de las Estancias Infantiles y la SISALRIL supervisará los servicios de las

Estancias Infantiles financiadas por el SFS del Régimen Contributivo.

TEMA XIV
BENEFICIOS DE SALUD
PARA LOS PENSIONADOS

OBJETIVO DE LA RESOLUCIÓN NO. 211-04 DEL CNSS EN RELACIÓN A LA SALUD DE LOS PENSIONADOS.

Que los pensionados por discapacidad por enfermedad común y por Accidentes de Trabajo o Enfermedad Profesional del Régimen Contributivo tengan derecho a disfrutar de los servicios de salud a través del SFS.

DESCUENTOS AL PENSIONADO PARA RECIBIR ESTE SERVICIO.

El costo total del servicio es equivalente al 10.03% de la pensión, del cual el pensionado pagará el 4.01% y la Seguridad Social financiará el 6.02% restante.

COVERTURA DEL 6.02% (EQUIVALENTE AL 60% DEL 10.3% DE LA PENSIÓN)

Para los pensionados por Enfermedad Común, el aporte se obtendrá de la Cuenta de la Seguridad

Social denominada Cuidado de la Salud del Régimen Contributivo.

Para los Pensionados por Accidentes de Trabajo o Enfermedades Profesionales, el aporte lo hará la Administradora de Riesgos Laborales del Fondo de Solidaridad del Seguro de Riesgos Laborales.

REALIZACION DEL APORTE DE 4.01% QUE ME CORRESPONDE COMO PENSIONADO

Este aporte le será retenido por la empresa e institución que le realiza el pago de la pensión, quien lo transferirá a la TSS a más tardar dentro de los tres (3) días hábiles de cada mes, para los fines correspondientes.

LOS SERVICIOS DE SALUD

El pensionado por discapacidad del Régimen Contributivo recibirá los servicios médicos en la misma ARS donde los recibía cuando era un trabajador activo.

CAMBIO DE ARS.

Usted tiene derecho afiliarse a la ARS de su preferencia, en base al principio de libre elección establecido en la ley 87-01, previo cumplimiento de los requisitos para el traspaso.

TEMA XV
SOBRE LA LEY 177-09, SOBRE LA AMNISTÍA A LOS EMPLEADORES

OBJETIVO DE LA LEY 177-09, SOBRE LA AMNISTÍA A LOS EMPLEADORES

El perdón total de la deuda de todos los empleadores públicos y privados, por concepto de los aportes y contribuciones pendientes de pago a los Seguros de Vejez, Discapacidad y Sobrevivencia, Salud y Riesgos Laborales del Régimen Contributivo del SDSS, tanto del trabajador registrado o no por su empleador en la TSS, como del mismo empleador.

PERÍODO QUE ABARCA LA CONDONACIÓN O PERDÓN DE LA DEUDA

Desde el mes de junio del 2003, fecha en que iniciaron las operaciones del Régimen Contributivo con el seguro de pensiones hasta la fecha de entrada en vigencia de esta ley junio 2009.

Como empleador a partir de esta ley debe registrar su nómina de empleados en la base de datos de la TSS para iniciar sus pagos al SDSS.

El empleador que a la fecha de promulgación de esta ley tenga más de 60 días sin efectuar pago al SDSS quedará en condición de inactivo, por lo que, deberá actualizar sus datos generales y registrar nuevamente su nómina de empleados en la TSS.

LO QUE PASA CON LOS APORTES SI EL EMPLEADOR LO DESCONTABA, PERO NO APORTABA LOS PAGOS A LA TSS.

Con los aportes que corresponden al Seguro de Vejez, Discapacidad y Sobrevivencia, el empleador deberá realizar un pago voluntario a favor de sus trabajadores a través del Sistema Único de Información y Recaudo (SUIR), que irá a la Cuenta de Capitalización Individual (CCI) del trabajador.

Con relación a los aportes que corresponden al Seguro Familiar de Salud (SFS), el empleador deberá devolverlo directamente a los trabajadores.

LOS PAGOS REALIZADOS CON REGULARIDAD POR EL EMPLEADOR A LA SEGURIDAD SOCIAL

Estos pagos son válidos para todos los fines y conveniencias de los beneficios y derechos adquiridos.

DETERMINACIÓN DEL MONTO TOTAL DEJADO DE COTIZAR POR EL EMPLEADOR

La Tesorería de la Seguridad Social (TSS) establecerá todos los procedimientos requeridos para estos fines.

SI EL EMPLEADOR, NO OBSTANTE, ESTA LEY, ¿SIGUE INCUMPLIENDO CON LA INSCRIPCIÓN O REGISTRO DE SUS TRABAJADORES O NO REALIZA EL PAGO DE LAS COTIZACIONES A LA SEGURIDAD SOCIAL?

Se podrá recurrir a los Inspectores de Trabajo de la Secretaría de Estado de Trabajo, los cuales comprobarán la infracción y levantarán el acta correspondiente, copia de la cual enviarán a la TSS, para que proceda a exigirle al infractor el pago adeudado.

SI AÚN CON EL REQUERIMIENTO DE LA TSS, EL EMPLEADOR NO CUMPLE CON EL PAGO A LA SEGURIDAD SOCIAL

La TSS podrá intervenir ante el Juzgado de Paz, a los fines de requerir el pago de los montos adeudados al Sistema y las condenaciones penales por las infracciones comprobadas por los inspectores de trabajo.

Igualmente, el trabajador podrá perseguir la acción civil ante el citado juzgado de Paz, a los fines de reclamar las indemnizaciones por los daños y perjuicios ocasionados por el incumplimiento del empleador.

MONTO DE LA CONDENA QUE SE LE PODRÁ APLICAR AL EMPLEADOR

Una multa de Doce (12) salarios mínimos de ley, aplicable a la empresa, por cada trabajador activo en su nómina que haya sido afectado por la infracción.

TEMAXVI
SOBRE EL TRASPASO DE ARS POR LA LEY DE AMNISTÍA

OBJETIVO DE ESTE TRASPASO DE ARS POR LA LEY DE AMNISTÍA

Que los afiliados en condición de pendientes (PE) y activos sin cotizar (AC) puedan ejercer el derecho a la libre elección de su ARS cuando empiecen a cotizar amparados en la ley de Amnistía No. 177-09.

AFILIADOS APLICAN PARA ESTE TIPO DE TRASPASO

Los afiliados con Planes Voluntarios vigentes (recibiendo servicios en la ARS) al 30/6/2009, los que se encuentran en condición de pendientes y los activos sin cotizar.

REALIZACION DE ESTE PROCESO?

Para la conciliación de los asegurados a planes voluntarios de las ARS con los afiliados en estado pendiente (PE) en la base de datos, todas las ARS deberán completar la carga de estos asegurados de planes voluntarios en el Sistema de Información y Monitoreo Nacional (SIMON) de la SISALRIL.

CIUDADANOS QUE SE ENCUENTREN ACTUALMENTE EN CONDICIÓN DE PENDIENTES (PE)

Los ciudadanos que pasen de su condición de pendientes (PE) a condición de activos durante un plazo de 120 días calendarios a partir de esta resolución, o se encuentren a la fecha de esta resolución (7/7/09) en condición de activos sin cotización (AC), tendrán derecho a cambiarse de ARS.

PLAZO PARA TRASPASARSE DE ARS

Sólo tendrán derecho a traspasarse una vez durante el plazo de los 120 días calendarios a partir de esta resolución. El mismo implica el traspaso del titular y todos sus dependientes activos.

PROCEDIMIENTO PARA EL TRASPASO DE ARS POR AMNISTÍA

a) El afiliado titular deberá presentarse con su cédula de identidad ante un oficial o representante de la ARS donde desea afiliarse (ARS DESTINO) y solicitar el "Formulario de Notificación de desafiliación y Solicitud de traspaso de ARS por Amnistía", elaborado por la SISALRIL, para tales fines.

b) Los datos tanto del afiliado titular como de los dependientes serán proporcionados automáticamente por el SUIR.

c) Una vez validada la solicitud, el formulario será impreso, firmado como en su cédula y sellado con las huellas dactilares del afiliado y sellado y firmado por el representante de la ARS DESTINO. Posteriormente, será escaneado con la cédula y remitida electrónicamente a la EPBD-UNIPAGO a través del SUIR.

d) La ARS Destino le entregará una copia impresa del formulario escaneado al afiliado, como constancia de su solicitud.

EFECTIVIDAD DEL TRASPASO.

Si el traspaso procede se hará efectivo el primer día del mes siguiente de procesada correctamente la solicitud.

DESTINO DE LOS CÁPITAS Y QUIEN AUTORIZARÁ LOS SERVICIOS DE SALUD AL AFILIADO MIENTRAS DURE EL PROCESO DE TRASPASO.

La ARS en la cual está afiliado (ARS ORIGEN) continuará recibiendo las cápitas y autorizando los servicios al afiliado titular y sus dependientes.

CÓMO SABER CUÁNDO EL TRASPASO SE HARÁ EFECTIVO.

La ARS DESTINO deberá informar al afiliado titular cuando el proceso de traspaso haya concluido y que tanto él como sus dependientes, se encuentran afiliados a esa ARS.

FECHA DE CUÁNDO RECIBIRÁ EL AFILIADO TITULAR Y SUS DEPENDIENTES EL CARNET DE AFILIADO A LA NUEVA ARS.

En un plazo de 15 días calendarios a partir de que es notificada por la EPBD-UNIPAGO de la conclusión del proceso.

FECHA DE CUÁNDO COMENZARÁ EL AFILIADO TITULAR Y SUS DEPENDIENTES A RECIBIR LOS SERVICIOS DE SALUD.

De manera inmediata, luego de hacerse efectivo el traspaso, aún no hayan recibido sus carnets, basta con presentar la cédula de identidad.

CUANDO EL AFILIADO NO CUMPLE CON LAS CONDICIONES PARA EL TRASPASO.

La ARS Destino le entregará al afiliado el documento "Notificación de rechazo de solicitud de traspaso por Amnistía", el cual será diseñado por la SISALRIL.

BIBLIOGRAFIA

1. Ley 87-01, de fecha 9 de mayo del 2001, sobre Sistema Dominicano de la Seguridad Social. Ediciones Jurídicas Trajano Potentini. Santo Domingo, República Dominicana.

2. Código de Trabajo Concordado (Compendio Legislativo Laboral de la República Dominicana), Washington D. Espino y José Antonio Reynoso. Editora Centenario, S. A. Santo Domingo, República Dominicana.

3. Seguridad Social: Temas, Retos y Perspectivas. Oficina Internacional del Trabajo (OIT). Ginebra, Suiza, 2001.

www.ingramcontent.com/pod-product-compliance
Lightning Source LLC
Chambersburg PA
CBHW071315220526
45468CB00001B/382